数字经济下旅游产业
高质量发展研究

SHUZI JINGJI XIA LÜYOU CHANYE
GAOZHILIANG FAZHAN YANJIU

■ 李 莉 陈雪钧 周 敏 凌晓苊 著

U0724897

重庆大学出版社

—— 内容提要 ——

　　本书运用文献扎根分析法构建了旅游经济韧性综合评价指标体系，并探讨了数字经济对旅游经济韧性的影响机制，为提升旅游经济韧性探索了新路径；构建了数字经济下资源共享的概念模型和评价指标体系，丰富了旅游产业资源共享理论研究；从资源共享的视角提出旅游产业创新机制，研究成果是对共享经济理论和旅游产业创新理论的融合创新。

　　本书的知识性与应用性强，内容新颖全面，框架结构合理，既可以作为旅游管理专业研究生的课程教材、旅游产业创新研究学者的参考书，也可以作为旅游产业经营管理者的培训教材。

图书在版编目(CIP)数据

　　数字经济下旅游产业高质量发展研究 / 李莉等著 .
重庆 : 重庆大学出版社，2024. 12. -- ISBN 978-7
-5689-4974-3
　　Ⅰ. F592.3
　　中国国家版本馆 CIP 数据核字第 20242ZB767 号

数字经济下旅游产业高质量发展研究

SHUZI JINGJI XIA LÜYOU CHANYE GAOZHILIANG FAZHAN YANJIU

李　莉　陈雪钧　周　敏　凌晓芃　著
策划编辑:尚东亮
责任编辑:张红梅　　版式设计:尚东亮
责任校对:谢　芳　　责任印制:张　策
*
　　重庆大学出版社出版发行
出版人:陈晓阳
社址:重庆市沙坪坝区大学城西路 21 号
邮编:401331
电话:(023)88617190　　88617185(中小学)
传真:(023)88617186　　88617166
网址:http://www.cqup.com.cn
邮箱:fxk@cqup.com.cn(营销中心)
全国新华书店经销
重庆升光电力印务有限公司印刷
*
开本:720mm×1020mm　1/16　印张:9.75　字数:150 千
2024 年 12 月第 1 版　　2024 年 12 月第 1 次印刷
ISBN 978-7-5689-4974-3　定价:58.00 元

前　言

　　在党的二十大精神指引下，高质量发展成为新发展阶段下旅游业的必然选择。旅游业作为国民经济战略性支柱产业，是实现经济高质量发展战略的重要抓手，对于推动经济提质增效具有重要意义。近年来，国内外环境发生了深刻变化，旅游业发展不平衡不充分的问题依旧突出，旅游经济的脆弱性、敏感性凸显，旅游供给侧结构性改革任务繁重，创新动能稍显不足，治理能力有待提升。这些问题严重影响了旅游产业的高质量发展，旅游产业的发展动能、发展路径亟待优化。在新发展阶段下，旅游产业走高质量发展之路已成为时代的必然选择。数字经济以信息通信技术作为核心推动力，能够加速要素流动，提升资源配置效率，是驱动传统产业升级和生产方式变革的利剑，是实现经济高质量发展的引擎。旅游产业在谋求高质量发展的过程中面临着机遇和挑战，数字经济无疑是最大的机遇。因此，研究数字经济背景下的旅游产业高质量发展议题具有重大意义。

　　本书立足数字经济发展的背景，为解决旅游业高质量发展过程中旅游经济脆弱性和旅游发展动能不足等问题，以如何利用数字经济提升旅游经济韧性和增强旅游产业创新为突破点，寻求数字经济下旅游产业高质量发展新路径。本书分九章探讨了数字经济下旅游产业高质量发展议题。第一章为绪论，对数字经济下旅游产业高质量发展的研究背景、研究意义、研究目的及研究内容、研究方法进行了阐述。第二章为理论基础与研究综述，对数字经济下旅游产业高质量发展研究所依据的基本概念、主要基础理论进行了阐述，并厘清了研究综述。第三章为数字经济下旅游产业高质量发展的PEST分析，分析数字经济下旅游产业高质量发展的政治环境、经济环境、社会环境和技术环境。第四章为数字经济下国内旅游经济韧性的测度与分析，利用文献扎根分析法，构建旅游经济韧性综合评价指标体系，并对中国各个省域的旅游经济韧性进行测度和分析，明晰中国旅游经济韧性的发展现状。第五章为数字经济对旅游经济韧性的影响机制，包括直接影响机制、传导机制和空间溢出效应，并提出相关研究假设，进行实证分析。第六章为数字经济下旅游产业资源共享的测度与分析，在分析整理文献的基础上，构建数字经济下旅游产业资源共享的概念模型以及资源共享的评价指标体系，评价各省市资源共享得分及各维度得分。第七章为数字经济下资源共享对旅游产业创新的影响机制，结合当前时代背景，构建数字经济下资源共享对旅游产业创新的影响机制理论模型，并验证资源共享对旅游产业创新的影响机制。第八章为数字经济下旅游产业高质量发展的策略。第九章为研究结论与展望。

本书由重庆第二师范学院李莉教授、重庆交通大学陈雪钧教授、云南大学博士研究生周敏和湖北省宜昌市兴山县文化和旅游局职员凌晓芃共同撰写。由于水平有限，书中难免存在一些不足之处，敬请广大读者批评指正。

著　者

2024年6月

| 目　录

第一章　绪论 ·· 001

第一节　研究背景 ·· 001

第二节　研究意义 ·· 004

第三节　研究目的及研究内容 ·· 004

第四节　研究方法 ·· 006

第二章　理论基础与研究综述 ·································· 008

第一节　基本概念界定 ·· 008

第二节　主要基础理论 ·· 009

第三节　研究综述 ·· 012

第三章　数字经济下旅游产业高质量发展的PEST分析 ·········· 019

第一节　政治环境 ·· 019

第二节　经济环境 ·· 022

第三节　社会环境 ·· 025

第四节　技术环境 ·· 026

第五节　本章小结 ·· 028

第四章　数字经济下国内旅游经济韧性的测度与分析 ·········· 029

第一节　旅游经济韧性评价指标体系构建 ···················· 029

第二节　研究区域及测度方法 ·· 036

第三节　旅游经济韧性测度结果及分析 ························· 038

第四节　本章小结 ·· 041

第五章　数字经济对旅游经济韧性的影响机制 ····················042

　第一节　研究假设 ···043

　第二节　模型构建与变量选取 ···047

　第三节　研究变量测度及描述性统计 ··049

　第四节　实证结果与分析 ··053

　第五节　本章小结 ···062

第六章　数字经济下旅游产业资源共享的测度与分析 ··········064

　第一节　数字经济下旅游产业资源共享的概念内涵 ·····················064

　第二节　数字经济下旅游产业资源共享的概念模型 ·····················066

　第三节　评价指标体系构建 ···069

　第四节　实证分析 ···072

　第五节　本章小结 ···078

第七章　数字经济下资源共享对旅游产业创新的影响机制 ········081

　第一节　研究假设 ···081

　第二节　研究设计 ···085

　第三节　实证结果分析 ··088

　第四节　机制检验和异质性分析 ···092

　第五节　本章小结 ···095

第八章　数字经济下旅游产业高质量发展的策略 ··············097

　第一节　推动数字经济高质量发展 ···097

　第二节　打造高水平旅游经济韧性 ···103

　第三节　促进旅游产业资源共享 ···109

　第四节　提升旅游产业创新能力 ···111

　第五节　推动旅游产业市场化进程 ···113

第六节　增强旅游产业竞争力 ……………………………………116

第七节　本章小结 ………………………………………………118

第九章　研究结论与展望 ………………………………………120

第一节　研究结论 ………………………………………………120

第二节　主要研究贡献 …………………………………………123

第三节　研究局限与展望 ………………………………………125

参考文献 …………………………………………………………126

第一章 绪 论

第一节 研究背景

一、旅游产业亟待高质量发展

我国经济已由高速增长阶段转向高质量发展阶段。党的二十大报告强调高质量发展是全面建设社会主义现代化国家的首要任务。高质量发展已经成为新发展阶段下我国经济发展的鲜明主题。旅游产业作为国民经济的战略性支柱产业，其涉及面广、带动力强、开放度高的优势有助于构建以国内大循环为主体、国内国际双循环相互促进的新发展格局，是推动经济高质量发展的重要着力点，也是满足人民群众对美好生活向往的重要途径。此外，旅游产业高质量发展不仅是宏观经济环境的要求，更是旅游产业自身追求的发展目标。《"十四五"文化和旅游发展规划》指出，要深化旅游业供给侧结构性改革，深入推进大众旅游、智慧旅游和"旅游+""+旅游"，提供更多优质旅游产品和服务，加强区域旅游品牌和服务整合，完善综合效益高、带动能力强的现代旅游业体系，努力实现旅游业高质量发展。

二、数字经济成为旅游产业发展新引擎

目前，以人工智能、量子信息、物联网、区块链等为代表的新一代信息技术不断创新升级，在变革社会生产方式、创造人类生活新空间方面释放出

越来越多的能量，新一代信息技术推动了数字经济在全球范围内的兴起与发展。2022年数字经济规模达到50.2万亿元，预计2025年将突破80万亿元，这表明即使在全球经济环境不确定的情况下，数字经济仍能持续发展，成为经济发展新引擎（图1.1）。数字经济作为继农业经济、工业经济之后的主要经济形态，通过产业数字化和数字产业化对产业体系进行了深刻变革，渗透到各个领域，促进了产业的转型升级和突破性创新，为培育经济发展新优势创造了有利条件，成为引领经济社会变革、驱动经济增长的重要动力。《"十四五"旅游业发展规划》中便指出，要充分运用数字化、智能化等科技创新成果，升级传统旅游业态，创新产品和服务方式，推动旅游业从资源驱动向创新驱动转变。由此可见，数字经济为旅游产业的发展提供了新动能、新路径、新模式，成为促进旅游产业高质量发展的重要抓手。

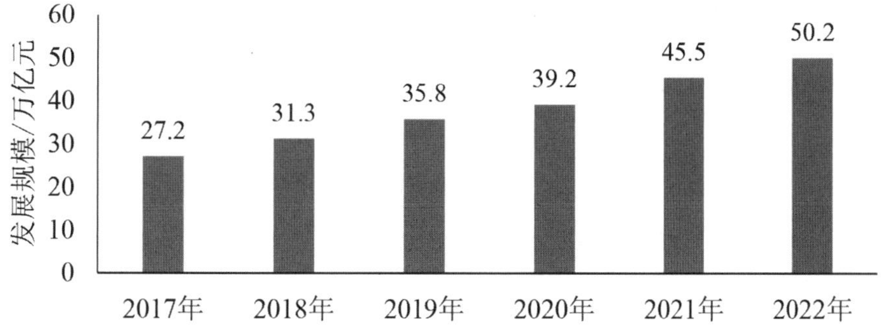

图1.1　2017—2022年数字经济发展规模

三、高水平旅游经济韧性促进旅游产业高质量发展

高质量发展在成为经济发展鲜明主题的同时也为旅游产业指明了发展方向，即追求旅游产业高质量发展。但在旅游产业高质量发展的过程中，突发性天灾、金融危机以及重大公共卫生事件等多重因素的影响导致旅游经济经常面临剧烈波动，例如受公共卫生安全事件的影响，2022年旅游业对GDP的综合贡献度跌破2%（图1.2），降低旅游经济敏感性和脆弱性、维持旅游经济稳定成为旅游业谋求高质量发展的一大难题。而"韧性"为旅游经济维持稳

定性、降低脆弱性、提高适应性，从而维持竞争优势、避免经济硬着陆、促进旅游经济高质量发展提供了新的理论视角。因此，建立一个强韧性的旅游经济系统对旅游业高质量发展尤为重要。

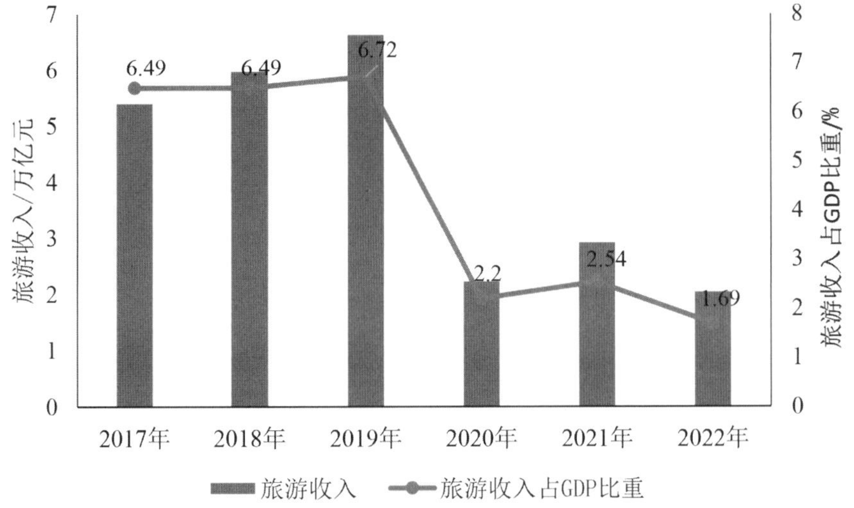

图1.2　2017—2022年旅游收入及旅游收入占GDP比重

四、旅游产业创新驱动旅游产业高质量发展

《"十四五"旅游业发展规划》指出，"十四五"时期，我国全面进入大众旅游新时代，旅游业面临高质量发展的新要求。创新驱动发展战略的实施为旅游产业赋予新动能，也对旅游产业提出创新发展的新要求，推动旅游产业高质量发展必须把创新作为引领发展的第一动力。通过旅游业态、服务方式、消费模式、管理手段创新提升，让科技成果在旅游领域广泛应用，培育旅游消费新场景，激发旅游消费新活力，不断壮大旅游产业发展新动能、新引擎，使旅游业发展成果为百姓共享，并成为具有显著时代特征的幸福产业。

第二节　研究意义

在学术价值方面，运用跨学科方法，立足于数字经济发展背景，以旅游经济韧性和旅游产业创新为切入点，对数字经济下旅游产业高质量发展进行了研究，探讨了数字经济对旅游经济韧性的影响机制、数字经济下资源共享对旅游产业创新的影响机制、数字经济下旅游产业高质量发展策略，可以丰富与拓展数字时代旅游产业高质量发展的理论体系，是对旅游产业创新理论和旅游产业经济理论的融合创新。

在应用价值方面，聚焦数字经济发展浪潮，迎合旅游产业数字化发展的宏观趋势，对数字经济下旅游产业高质量发展进行了探讨，并从高质量发展数字经济、打造高水平旅游经济韧性、利用资源共享促进旅游产业创新等方面为数字经济下旅游产业高质量发展提供具体的对策和建议，有助于地方实现高质量发展目标。

第三节　研究目的及研究内容

一、研究目的

基于PEST框架分析数字经济下旅游产业高质量发展的政治环境、经济环境、社会环境和技术环境。

对促进旅游产业高质量发展的旅游经济韧性进行研究，对数字经济下国内旅游经济韧性进行测度和分析。

构建数字经济对旅游经济韧性的理论框架，研究数字经济对旅游经济韧性的具体影响机制。

对驱动旅游产业高质量发展的旅游产业创新进行研究，从资源共享角度出发，基于数字经济下资源共享的测度与分析，研究数字经济下资源共享对旅游产业创新的影响机制。

从数字经济对旅游经济韧性的影响机制和数字经济下资源共享对旅游产业创新的影响机制两个方面出发，依据实证结果研究数字经济下旅游产业高质量发展的策略。

二、研究内容

（一）绪论

对数字经济下旅游产业高质量发展的研究背景、研究意义、研究目的及研究内容、研究方法进行了阐述。

（二）理论基础与研究综述

对数字经济下旅游产业高质量发展研究所依据的基本概念、主要基础理论进行阐述，系统梳理了国内外文献并进行文献综述。

（三）数字经济下旅游产业高质量发展的PEST分析

结合实践发展情况，分析数字经济下旅游产业高质量发展的政治环境、经济环境、社会环境和技术环境。

（四）数字经济下国内旅游经济韧性的测度与分析

高水平的旅游经济韧性对于促进旅游产业高质量发展具有重要意义。运用文献扎根分析法，构建旅游经济韧性综合评价指标体系，并运用纵横向拉开档次法对中国各个省域的旅游经济韧性进行测度，结合ARCGIS进行分析，分析中国旅游经济韧性的现状和特征。

（五）数字经济对旅游经济韧性的影响机制

系统分析数字经济对旅游经济韧性的影响机制，主要包括直接影响机制、传导机制和空间溢出效应，提出相关研究假设。根据研究假设，选取研究变量和构建模型，在对研究变量进行测度和描述性统计之后，运用Stata进行实证分析。首先，对数据进行平稳性检验，确保可以进行回归分析；其次，进行基回归分析，验证数字经济对旅游经济韧性的直接影响是否成立；再次，进行中介效应分析，验证数字经济对旅游经济韧性的传导机制是否成立；从次，进行稳健性检验，验证回归分析结果的可靠性，检验所构建的模型是否具有稳健性；最后，进行空间溢出效应分析，检验数字经济对旅游经济韧性的影响是否存在空间溢出效应。

（六）数字经济下旅游产业资源共享的测度与分析

在文献研究的基础上，从理论上构建数字经济下资源共享的概念模型以及资源共享的评价指标体系。旅游产业资源共享包括信息资源共享、知识资源共享、资金资源共享和物质资源共享四个维度。收集2017—2022年31个省份相关指标的截面数据，运用SPSS软件评价各省份资源共享得分及各维度得分，分析国内资源共享的现状和特征。

（七）数字经济下资源共享对旅游产业创新的影响机制

在归纳总结旅游产业创新相关文献的基础上，构建数字经济下资源共享对旅游产业创新的影响机制理论模型。借助Stata软件，验证资源共享对旅游产业创新的影响是否显著，以及市场化进程、产业创新能力和产业竞争力在资源共享对旅游产业创新影响过程中的中介作用是否成立。

（八）数字经济下旅游产业高质量发展的策略

运用归纳总结法，从推动数字经济高质量发展、打造高水平旅游经济韧性、利用资源共享促进旅游产业创新等方面提出旅游产业高质量发展的策略。

第四节　研究方法

本书综合运用了多种研究方法展开论述，力求做到理论研究与实证分析相结合、定性分析与定量研究相结合。具体研究方法如下。

（一）文献研究法

在广泛收集和阅读相关文献的基础上，对数字经济、旅游经济韧性、资源共享、旅游产业创新等概念进行界定，对相关文献进行梳理，提出本文的研究起点。根据数字经济核算与测度等国内外研究文献，总结分析数字经济发展水平测度的评价指标，构建了数字经济发展水平综合评价指标体系。运用PEST分析法剖析了数字经济下旅游产业创新的宏观政治、经济、社会和技术环境，构建了数字经济下资源共享的概念模型及其评价指标体系。

（二）扎根理论法

扎根理论是一种自下而上构建理论的方法。依据扎根理论"开放式编码—主轴编码—选择式编码—饱和度编码"的步骤，对所搜集的文献资料进行分析，构建旅游经济韧性综合评价指标体系。

（三）纵横向拉开档次法

纵横向拉开档次法是一种适用于"三维"面板数据、完全基于观测数据挖掘、有效避免人为因素干扰、尽可能体现评价对象间差异性的综合评价方法。本书运用此方法，对研究区域的旅游经济韧性水平和数字经济发展水平进行了测度。

（四）计量研究法

采用面板回归模型、中介效应模型、空间计量模型等多种计量模型，运用Stata软件，实证分析数字经济对旅游经济韧性的直接影响机制、传导机制和空间溢出效应；实证检验资源共享对旅游产业创新的直接影响机制，以及旅游产业创新能力、旅游产业市场化进程及旅游产业竞争力的中介机制。

（五）熵值法

熵值法是一种常见的多指标决策分析方法，运用SPSS统计分析软件，根据各项指标的变异程度，利用信息熵计算出资源共享各指标的权重，为计算资源共享综合得分提供依据。

第二章　理论基础与研究综述

第一节　基本概念界定

数字经济：在《中国数字经济发展白皮书（2017年）》中，数字经济被定义为以数字化的知识和信息为关键生产要素，以数字技术创新为核心驱动力，以现代信息网络为重要载体，通过数字技术与实体经济深度融合，不断提高传统产业数字化、智能化水平，加速重构经济发展与政府治理模式的新型经济形态。《数字经济及其核心产业统计分类（2021）》指出数字经济是以数据资源作为关键生产要素、以现代信息网络作为重要载体、以信息通信的有效使用作为效率提升和经济结构优化重要推动力的一系列经济活动。综合来看，本书将数字经济定义为：以数据资源作为关键生产要素，充分利用互联网工具，加速深化传统产业数字化水平并优化经济结构的一系列经济活动。

旅游经济韧性：参照蔡超岳、魏敏等的观点，将旅游经济韧性定义为旅游经济系统在遭受外部冲击后维持自身稳定并恢复原有状态的能力，是旅游产业应对外部干扰、抵御冲击后调整自身发展路径的能力，包括冲击下的抵御力、恢复力、重构力和创造力等内容。

资源共享："共享"本义是分享，指一件物品或信息的使用权或知情权同其他所有人共同拥有，涉及资源输出方和接收方两个参与主体，是一个多主体协作的过程。产业的发展和壮大离不开资源，旅游产业拥有的资源是其进行产业生产活动的基石。随着"共享"理念的渗透发展，共享平台的出现，旅游产业开始共享闲置产业资源，从而形成了旅游产业资源共享。结合已有学者的观点，将资源共享（Resource Sharing）定义为：在政府引导下，依靠互联网等现代信息技术手段，以使用权分享为主要特征，实现资源在各成员间的整合、开放、共享的一种经济行为。

旅游产业创新："创新"（Innovation）一词最早由美国学者熊彼特提出，其把新的生产要素和生产条件引入生产体系称为创新，后来学界普遍认为技术创新的首次商业化转化即为创新。史清琪指出产业创新是以市场为导向、以提高产业竞争力为目的，从新产品或新工艺设想的产生，经过技术获取、工程化到产业化一系列活动的总和。吴松强等学者提出产业创新包含产业组织创新和产业技术创新，以提升产业技术水平，增强产业竞争力和竞争优势。纵观各学者对产业创新的概念界定，他们都强调了产业创新的最终目的是增强竞争力，实现途径是产业内部创新活动。因此，本书将旅游产业创新界定为旅游产业以市场为导向所进行的一系列创新活动的总和，其最终目的是增强旅游产业竞争力和竞争优势。

第二节　主要基础理论

一、数字经济理论

数字经济自提出以来，经历了信息经济、互联网经济和新经济三个阶段，不同阶段其内涵各有侧重。早期定义强调数字技术产业及其市场化应用。现阶段，数字经济被认为是以数字化信息（包括数据要素）为关键资源，以互联网平台为主要信息载体，以数字技术创新驱动为牵引，以一系列新模式和新业态为表现形式的经济活动。数字经济作为一种新经济形态，正在加速改变传统经济模式，有着与传统经济截然不同的新特征，即数据成为关键生产要素推动现有生产要素重新配置、生产方式数字化转型推动产业体系适应性变革、数字化创新引领和推动经济结构根本性变革。数字经济正在以数字技术为核心驱动力，通过新技术形成新产业、新产业催生新模式、新技术赋能传统产业等路径推动产业数字化转型与高质量发展。

二、韧性理论

韧性概念自提出以来，经历了工程韧性、生态韧性、演化韧性三个阶段，也逐渐扩展应用于不同领域。在工程学领域，韧性主要用于物理领域，将韧性表示为材料产生物理形变吸收能量的力。在生态学领域，韧性用以描述生态系统复原力和稳定性的特征。在社会学领域，主要表现为心理韧性，指社会群体在遭受变故后自我心理的承受能力。目前，经济韧性已经成为学术界研究的重点。

经济韧性概念于21世纪初首次提出，是指经济体抵抗经济衰退的能力。随着研究的深入，学者对经济韧性的认识越来越深刻。经济韧性是系统应对和适应自然灾害的能力，是个人和社区在外部冲击发生时和发生后，采取灵活应对策略或行为以避免潜在损失的能力；经济韧性是抵御风险、驾驭不稳定性的发展能力，是一个完整经济体所具备的能力，包括抵抗力、恢复力、重新调整能力和经济增长路径的创造能力。Simmie等还基于演化论角度提出经济韧性的四个理论框架：广义达尔文主义、路径依赖理论、复杂性理论和扰沌。

三、共享发展理论

共享发展理念自党的十八届五中全会提出，在诸多方针政策交融下，共享发展已经具有较为成熟的思想内涵。该理论指出发展和共享的辩证性和统一性，共享是发展的出发点和归宿，发展始终围绕共享这一目标来推进；发展是共享的基础和前提，共享目标的实现需要在发展中不断推进。共享发展的主体是全民共享，既注重主体又讲究公平，对推动社会可持续发展具有正向推动作用；共享发展的客体是全面共享，共享国家政治、经济、社会、文化、生态各方面建设成果；共享的实践途径是共建共享，最大限度地激发民力，形成人人参与的局面。共享发展在中国情境下的实现路径包括强化机会共享、推动利益共享、促进服务共享等。

综上，共享发展理论是逻辑与历史、理论与实践相统一的产物，具有指导性和实践性。旅游产业作为综合性的服务产业，其目的在于为游客提供综合性的旅游服务以增进人民福祉，与共享发展理论实现路径不谋而合。共享发展理论为旅游产业资源共享提供了理论支持，为旅游产业发展提供了强大的理论指导意义和实践支撑。

四、产业创新理论

产业创新理论源于对产业革命的研究，为研究现代产业结构的变革提供了理论基础。Curmingham是最早提出产业创新理论的学者，虽然其未界定产业创新理论的概念，但在*Industrial Innovation*一文中阐述了产业创新过程中面临的难题。20世纪90年代《产业创新经济学》的发表为产业创新理论的发展奠定了坚实基础。Malerba于2002年提出了产业创新系统理论，将产业创新系统分为知识与技术、行为者与网络、制度三部分。产业创新系统理论聚焦于产业间的创新差异，将创新和学习过程置于核心位置，运用历史或演化方法，从系统的角度指出影响创新的主要因素。该理论认为创新过程中各要素相互联系、相互作用，各参与主体间的交流与合作共同促进了产业创新发展，被广泛应用于产业结构变迁、产业技术多样化和知识密集型创业企业等重大现实议题。

五、经济增长理论

经济增长理论是在世界经济长期增长的动态过程中，研究经济增长一般规律和解释经济增长制约因素的相关理论。经济增长理论作为经济学发展的重要组成部分，历经了古典、新古典、现代三个阶段。亚当·斯密作为古典阶段经济增长理论的代表人物，提出了较为系统的经济增长理论，认为劳动分工、资本积累有助于经济增长。进入新古典阶段，代表人物为索洛，索洛提出的经济增长模型认为，经济总体的增长贡献由劳动、资本和技术进步三者组成。现代阶段，被视为现代经济增长理论起点的"哈罗德—多马模型"

从供给与需求相结合的角度对经济增长的影响因素加以分析。后众多学者展开相关研究，经济增长理论越来越完善。刘伟和范欣对现代经济增长理论进行了总结，认为现代经济增长理论基本遵循从技术外生到技术内生、从注重经济总量到经济总量与结构并重的逻辑主线。

第三节　研究综述

一、数字经济相关研究

自20世纪90年代至今，数字经济一直是学者关注的热点领域。有关数字经济的研究主要包括内涵和特征、核算和测度、区域发展水平等方面。

在内涵与特征方面，数字经济的概念最早是由唐·泰普斯科特（1996）正式提出。2016年9月，G20杭州峰会签署《二十国集团数字经济发展与合作倡议》，首次在全球范围内对数字经济的概念进行描述。后经学者不断研究总结，认为数字经济是依托互联网平台，以数字化信息为关键资源，以数字技术创新驱动为核心，涵盖了一系列新模式和新业态的经济活动。数字产业化和产业数字化成为数字经济发展的两大态势，目前数字经济被泛化为所有数字化经济活动，数字经济不仅在所有经济活动中有所应用，在政务与非政务事务等非经济活动中也有所涉及。总之，数字经济的概念与内涵在不断演进，经历了从侧重互联网向重视多种数字技术的研发应用转变，再到将数据作为关键生产要素的认识过程。数字经济作为新兴经济社会形态，正在加速改变传统经济模式，有着与传统经济截然不同的新特征，即数据成为关键生产要素推动现有生产要素重新配置、生产方式数字化转型推动产业体系适应性变革、数字化创新成为主要引领和支撑推动经济结构根本性变革。数字经济正以数字技术为核心驱动力，通过新技术形成新产业、新产业催生新模式、新技术赋能传统产业等路径推动产业的数字化转型与高质量发展。

在数字经济核算与测度方面，主要研究方向有三个。一是从增加值的角度出发测算数字经济。OECD是最早提出数字经济测算框架的，即从数字媒体、电子商务等方面出发，利用增加值进行测算；康铁祥将数字产业部门总增加值和数字辅助活动创造的增加值相加得到数字经济总规模；金星晔等用直接法将基础部分各行业的增加值加总，对融合部分的相关产业计算边际贡献率，计算出数字经济规模；许宪春和张美慧结合国民经济行业分类与行业增加值结构系数、数字经济调整系数、行业增加值率等工具系数，测算数字经济相关行业的总产出与增加值。总之，不少学者从数字产业化、产业数字化、投入产出、国际比较等角度出发，按照直接法、生产法、收入法、支出法等多种方法的增加值核算原理测度数字经济。二是通过构建指标体系对数字经济进行测度。欧盟数字经济与社会指数（DESI，2017）是刻画欧盟各国数字经济发展程度的合成指数，该指数由欧盟根据各国宽带接入、人力资本、互联网应用、数字技术应用和数字化公共服务程度五个方面的 31 项二级指标计算得出；中国信息通信研究院通过先行指标、一致指标、滞后指标三类构建数字经济指数（《中国数字经济发展白皮书（2017年）》）；汤渌洋等基于对数字经济内涵的理解，从数字基础设施、数字创新能力、数字产业规模、数字技术应用四个维度，构建了中国数字经济发展水平指标体系；李勇等基于"宏观—中观—微观"三个层面对数字经济高质量发展内涵进行界定，据此构建数字经济发展评价指标体系；李洁等基于新发展理念构建数字经济评价指标体系。总之，由于数字经济范围广、分类不一、内涵不断延伸，以及学者对数字经济在研究侧重点、研究方法、研究对象等方面存在差异，所形成的指标体系也有所不同。三是通过构建数字经济卫星账户进行测算，该方法保持了数字经济与国民经济核算体系的紧密联系。国际上最早由OECD提出编制卫星账户框架对数字经济进行测度，国内外学者在此基础上展开探索。罗良清等通过对OECD、BEA和中国信息通信研究院的数字经济核算框架进行对比分析，结合实体经济和数字经济，尝试构建中国数字经济卫星账户的基础框架。向书竖等从生产和收入分配的角度出发构建卫星账户；张恪渝等依据国家统计局《数字经济及其核心产业统计分类（2021）》中对数字经济产业的分类标准，从投入产出视角构建中国数字经济卫星账户。

在区域发展水平方面，就国际比较而言，中国与美国数字经济发展水平仍然存在较大差距，主要体现在总量、创新能力、产业发展和监管、数字化基础设施、人才等方面。就国内比较而言，区域发展水平差异较大，两极分化和发展不协调现象突出，呈现"东高、中西低"的分布格局，这与东部地区优越的数字基础设施有着关联。

二、旅游经济韧性相关研究

韧性一词起源于拉丁文，其本义是"恢复到原始状态"。随着社会变革和发展，韧性概念经历了工程韧性、生态韧性、演化韧性三个阶段，也逐渐扩展应用于不同领域。

在概念研究方面，Cross、Hill等经济学家认为，经济体系中存在诸多因素会导致经济波动，经济波动会影响经济体系的状态，当经济体系状态转变时则会表现出韧性的差异。随着研究深化，经济韧性有了更为完善的概念，即经济韧性是系统应对和适应自然灾害的能力，是个人和社区在外部冲击发生时和发生后，采取灵活应对策略或行为以避免潜在损失的能力。随着旅游业在国民经济中的地位日益重要，建立一个强韧性的旅游经济系统对于旅游业持续健康发展至关重要。旅游经济韧性是指旅游经济系统在遭受外部冲击后维持自身稳定并恢复原有状态的能力，是旅游产业应对外部干扰、抵御冲击后调整自身发展路径的能力，包括冲击下的抵御能力、恢复能力、重构能力和更新能力等。抵御能力是指在内部、外部等多重因素的干扰下依旧能够维持自身结构和功能的能力；恢复能力是指在受到冲击后恢复到系统原有动态平衡的速度和能力；重构能力是指在受到内外部因素扰动的情况下，重新调整结构和功能以适应新环境、谋求未来更好发展的能力；更新能力是指在发展过程中寻求新方式、发展新路径，维持旅游经济系统与时俱进的长期发展能力。

在评价研究方面，对经济韧性的测度方法主要有两种，即弹性时间测度法和综合评价指标体系测度法。弹性时间测度法通常基于时间序列数据，适用于特定的冲击事件，难以考量多个维度。例如Bergeijk根据2008年国际金融危机，对各国的外贸数据进行分析，从而得出各国的经济韧性；李连刚通过衡量GDP实际波动与预期波动之间的差距来衡量韧性。综合评价指标体系测度法则是选取多个维度的评价指标对经济韧性进行测度。例如，HaichaoYu构建了基于演化理论的综合评价框架，从经济、对外开放、环境保护、社会进步、自然和创新六个维度衡量区域经济韧性；陈奕玮等建立了包括产业集聚程度、经济增长水平、贫富差距、城市产业结构优化度、城市经济敏感度的评价指标体系，对中国地级市的城市经济韧性进行了测度。目前，旅游经济韧性的测度研究多采用综合评价指标体系法。董亚娟和张一荻从抵御能力、恢复能力、更新能力三个维度构建入境旅游经济韧性评价指标体系；王倩、赵林等从抵御能力、恢复能力、重构能力、更新能力四个维度构建中国旅游经济系统韧性评价指标体系；P Zhang和Y Huang等运用ARIMA模型和POT模型，从阻力和可恢复力的角度，对中国的旅游经济韧性进行评价，并将旅游业的经济韧性分为稳健型、自力更生型、自由放任型和脆弱型四种类型。

在时空特征及影响因素研究方面，中国旅游经济系统韧性随时间变换呈缓慢上升趋势。城市旅游业的经济韧性由集中型向离散型转变，旅游业经济韧性趋势由低韧性型向集中型转变，整体韧性水平有待提升。旅游经济韧性是复杂因素共同作用的结果，其影响因素较多。Tsao等认为旅游韧性的提升离不开社区、政府、企业等外部力量实行专业化协作与网络化管理；王明康等认为产业升级、消费升级、政府主导和科技支撑对济南市旅游经济系统韧性存在显著的正向影响；狄乾斌等依据疫情的影响程度对影响因素进行分阶段研究，认为不同阶段主导影响因素有所不同。此外，旅游经济韧性的影响因素还包括生态环境质量、政府管理能力和技术创新水平、依赖性、创新和多样化、旅游经济水平、市场化程度、生态环境、科技水平、经济增长速度、旅游产业创新能力等因素。

三、数字经济对旅游经济韧性的影响研究

既有研究尚未有数字经济对旅游经济韧性影响的直接相关研究。但数字经济作为第四次产业革命的典型代表，其与旅游业的融合运用为旅游业注入

了新的活力,是提升旅游发展韧性的重要抓手。

第一,数字经济对旅游业的影响。就宏观层面而言,数字经济与旅游产业融合衍生的智慧旅游、沉浸式旅游体验等新兴旅游业态为旅游发展提供了全新机遇,数字经济对旅游虚拟产业集群的策动效应促使旅游业发展呈现虚实交互的新特征,从而突破传统的价值链边界。而且数字经济可通过拓展旅游业市场规模、提升旅游业全要素生产率和产业结构合理化及高级化程度,进而实现旅游业高质量发展。就微观层面而言:一是数字经济所依托的信息与通信技术对旅游业有着重大影响。Buhalis从供需两个维度出发,认为信息技术改变了旅游企业的经营模式并激发了游客的消费潜力。另有学者认为,信息与通信技术在丰富游客旅游体验、提高旅游支付安全性及降低旅游企业运营成本等方面也具有关键作用。实证研究证明,互联网使用率提高有助于旅游发展的提质增效。二是数字平台的出现打破了时空限制,生产要素流动更加方便,知识普惠获取成为可能,这有助于提升旅游业资源配置效率,提升旅游人力资源素质。但与此同时,数字经济发展加剧了旅游市场竞争,所衍生出的"数字鸿沟""大数据杀熟"等负面问题也给旅游业带来了严峻的治理挑战。

第二,数字经济对经济韧性的影响。在理论研究方面,经济韧性的影响因素较为复杂,产业结构、创新能力、经济增长是影响经济韧性的重要因素,而数字经济能够显著促进区域经济发展、产业结构转型以及增强创新能力。此外,数字经济可以通过赋能预警系统、应急系统等提升城市经济韧性,也可以通过促进经济系统数字化、智能化与智慧化以提升经济系统韧性。在实证研究方面,作为数字经济重要体现的数字金融,能够缩小城乡收入差距、提高资本配置效率和引致消费升级,进而对经济韧性产生促进作用。陈胜利等的研究证明数字经济发展能够显著增强经济韧性,创新能力、创业活力和产业结构升级是数字经济增强经济韧性的作用机制,而且数字经济发展不仅会提升本地区的经济韧性,也会对周边地区产生显著的正向促进效应。

四、旅游产业创新机制研究

通过对以往文献进行梳理，总结认为学术界关于旅游产业创新绩效机制的研究集中在产业内部资源推动旅游产业创新及产业外部环境拉动旅游产业创新支持方面。

资源推动型旅游产业创新机制研究主要集中在以下两个方面。一是知识及其管理驱动的旅游创新绩效机制。研究发现，知识产权保护（IPP）显著影响企业创新，其中研发投入及外资投入、进口贸易、创业导向及社会责任起中介作用。资源获取、知识共享、网络知识嵌入显著正向影响企业创新绩效，知识整合能力、显性及隐性知识重组起中介作用。创新能力在外部资源与创新绩效之间具有显著的中介效应，即外部资源并非简单促进创新绩效，产业需要建立合适的组织控制机制以确保其创新能力。关键资源的获取方式对企业绩效有促进作用，且技术创新能力及动态能力在其中起到部分中介作用。创新资源共享正向影响电商平台创新绩效，并在共担风险与创新绩效间起中介作用。二是新技术应用驱动的旅游创新绩效机制。数字技术的变革是如何促进产业创新的？学者为此做了大量研究：一方面，学者发现数字化变革显著并稳健地提升了企业创新绩效，且知识来源在其中发挥了部分中介效应。此外，数字化技术的应用有效提升了产业绩效，其中营业成本、人力资本及信息披露质量在数字化技术与企业绩效影响过程中具有中介作用。另一方面，数字化转型对企业绩效有显著的推动作用，企业家精神在数字化转型中通过供应链集成对企业绩效的积极影响起到正向的调节作用。企业家精神正向影响企业创新能力，其中自组织学习及员工创新行为分别起到完全中介和部分中介作用。

环境拉动旅游产业创新。产业创新发展需要创新环境的支持，通过梳理产业创新及环境支持相关文献，发现学者多用环境支持评价产业创新能力。创新环境支持主要是指产业在进行创新研发活动时的外部环境支撑。政府资金占比。产业内部研发机构数、产业平均投资强度、人力资源等是其表征指标。

五、研究述评

旅游经济韧性与旅游产业创新是数字经济背景下旅游产业实现高质量发展的重要途径，学者在旅游经济韧性和旅游产业创新两个方面进行了丰富的研究。

在旅游经济韧性方面，国内外学者从不同角度对数字经济、经济韧性进行了深入研究，明晰了内涵、测度方法、影响因素等，这些成果将为本研究提供必要的理论与方法支撑。但仍然存在以下几点不足：第一，旅游经济韧性的相关研究近年来才逐渐受到关注，理论体系尚不完善，研究文献较少。第二，旅游经济韧性的研究多为评价测度以及基于评价测度衍生的影响因素分析，多从旅游经济韧性系统的内部视角出发，缺乏从数字经济等外部视角的探讨。第三，以往数字经济对旅游业发展探讨的研究多为理论层面，实证研究较少。第四，既有研究已证明数字经济对旅游经济增长、经济韧性的影响，但尚未有研究探索数字经济对旅游经济韧性的具体影响机制。

在旅游产业创新方面，既有研究成果呈现出研究范围不断扩大、研究内容不断细化和深入、研究方法多样化的特点，反映出我国旅游产业创新相关研究在具有广阔研究前景的同时，也具有一定的局限性。旅游产业创新的关键影响因素尚存争议，对其创新机制和进程的研究深入性不足。此外，资源共享对旅游产业创新的研究成果较少，影响机制尚未明确。因此，探究产业资源共享对旅游产业创新的影响机制是未来研究的重要领域，具有重大的理论价值和实践意义。

第三章　数字经济下旅游产业高质量发展的PEST分析

外部宏观环境是激励旅游产业发展的重要影响因素。运用PEST分析矩阵，从旅游产业面临的政治（Politics）环境、经济（Economy）环境、社会（Society）环境、技术（Technology）环境四个维度构建分析框架，剖析外部环境变化对旅游产业高质量发展的影响，有利于旅游产业以创新变革等方式更好地应对外部环境变化，促进旅游产业升级。

PEST分析模型常用于分析企业所处的宏观环境以制定企业的发展战略规划。由于旅游业的综合性特点，PEST分析模型成为分析旅游产业宏观环境的常用方法。政治环境指的是国家或地区的政策文件和法律法规等，对旅游产业发展起顶层指引作用；经济环境指的是旅游目的地的经济发展效益、产业结构和分配调控等；社会环境指的是社会价值观念、社会文化、社会结构等影响旅游产业发展的相关社会因素；技术环境指的是顺应时代发展趋势过程，通过技术因素对旅游产业发展产生影响的各种现象的集合。

第一节　政治环境

一、政策文件保障积极发展环境

自手机网民数量规模化以来，中国数字经济的基本格局已经形成，并迈入成熟期。党中央高度重视利用数字经济手段提升旅游业发展水平，积极推动数字经济与旅游产业融合发展，以满足人民日益增长的旅游需求。

党中央和各地区政府先后出台了一系列政策文件（表3.1），为数字经济助推旅游产业高质量发展提供政策红利。从类型划分上看，这些政策文件可以分为三类。一是推动数字经济发展的相关政策，如《国务院关于印发"十四五"数字经济发展规划的通知》《数字中国建设整体布局规划》等政策文件，从国家顶层设计角度出发规划中国数字经济发展的战略部署，为旅游产业创新奠定了数字技术基础和创新环境基础。二是推动旅游产业创新发展的相关政策，如《文化和旅游部关于推动在线旅游市场高质量发展的意见》《国务院关于印发"十四五"旅游业发展规划的通知》等，这类文件旨在加强旅游市场管理、保障旅游者合法权益、发挥各类旅游要素的积极作用、推动旅游产业高质量发展。三是推动数字经济与旅游产业融合发展的政策文件，如《文化和旅游部关于推动数字文化产业高质量发展的意见》《关于推进实施国家文化数字化战略的意见》等，此类政策文件不仅强调了旅游产业同数字经济产业融合发展，还为旅游产业如何借助数字经济手段推动旅游产业创新发展提供了新的指导思想。从发文主体来看，分为两类。一是从国家层面出台的全国性政策文件，从国家层面对旅游产业创新发展提出整体指导意见和规划思路；二是从地方层面出台的地方政策文件，针对地方旅游发展水平提出具有针对性的旅游发展规划和产业融合策略。国家和地方层面的政策文件有利于推动旅游产业和数字经济融合发展、打造智慧旅游新业态，激发新型旅游消费需求、提供高质量消费服务。

表3.1　数字经济下推动旅游产业发展相关政策

发文时间	发文单位	政策名称	相关内容
2020年11月	文化和旅游部	《文化和旅游部关于推动数字文化产业高质量发展的意见》	夯实数字文化产业发展基础、培育数字文化新型业态、构建数字文化产业生态等
2021年12月	国务院	《国务院关于印发"十四五"数字经济发展规划的通知》	优化升级数字基础设施、充分发挥数据要素作用、加大推进产业数字化转型力度、加快推动数字产业化等

续表

发文时间	发文单位	政策名称	相关内容
2021年12月	国务院	《国务院关于印发"十四五"旅游业发展规划的通知》	推进智慧旅游发展、加快新技术应用于技术创新、推进"旅游+"和"+旅游"等
2022年05月	国务院	《关于推进实施国家文化数字化战略的意见》	夯实文化数字化基础设施、发展文化数字化消费新场景、加快文化数字化产业新布局
2022年10月	国务院	《党的二十大报告》	加快发展数字经济,促进数字经济与实体经济深度融合等
2023年02月	国务院	《数字中国建设整体布局规划》	夯实数字基础设施建设、优化数字发展环境、强化数字中国关键能力等
2023年03月	文化和旅游部	《文化和旅游部关于推动在线旅游市场高质量发展的意见》	探索平台经营旅游预售业务,以5G、人工智能、大数据等技术引领行业创新发展等
2021年09月	山东省文化和旅游厅	《关于推动山东省文化和旅游数字化发展的实施意见》	推进优质文化资源数字化、加快智慧旅游项目建设、丰富数字文旅产品供给、促进数字文旅消费、培育数字文旅市场主体等
2021年08月	上海市文化和旅游局	《上海市关于促进文化和科技深度融合的实施意见》	统筹推进文化大数据体系建设、推动公共文化服务数字化建设、开辟文化新技术应用场景等
2022年01月	江西省文化和旅游厅	《2022年全省文化和旅游工作要点》	完善全省文物安全监管平台、运用AR、VR等科技手段,推出高质量云展览等

二、高质量发展契合国家战略

国家战略引领产业发展。我国以创新驱动发展战略、数字经济战略等共同推进数字经济下旅游产业高质量发展。

一是创新驱动发展动力。该战略于党的十八大正式提出,党的十九大提出创新是引领发展的第一动力,党的二十大提出创新是第一动力。2016年中共中央、国务院印发《国家创新驱动发展战略纲要》,强调创新成为引领发展的第一动力，为以产业创新推动高质量发展提供了有力的政策支持。创新驱动发展战略的主要目标是破除一切制约创新的障碍，激发全社会的创新活力和制造潜能，强化创新成果同产业对接，在政策和制度方面，为旅游产业高质量发展营造了良好的创新环境。《纲要》指出以新一代信息和网络技术为支撑，促进数字技术和商业模式创新融合，加快推进文化创新产业和相关产业融合发展。创新驱动发展战略开启了旅游产业创新和数字技术融合的新时代，催生了旅游产业新的商业模式和融合业态。二是数字经济战略。我国深入实施数字经济战略，数字经济发展取得积极成效，数字经济领域影响力和竞争力在国际地位上不断提升。数字经济随着发展速度快、辐射广、影响深，成为配置全球资源要素、改变全球竞争力的关键力量。全球领先的数字基础设施、不断深化的国际化合作为我国旅游产业高质量发展提供了完备的数字技术、融合发展模式、产业数字化转型经验、数字监管平台。在新一轮科技革命和产业变革背景下，旅游产业数字化转型成为旅游产业创新的战略选择和满足人民美好生活需要的重要途径。随着创新驱动发展战略和数字经济战略的实施，推动旅游产业数字化转型成为深化旅游产业高质量发展的核心引擎。

第二节　经济环境

一、宏观环境带来资金优势

旅游产业高质量发展的一个基本前提就是宏观环境总体经济水平的提升。我国旅游产业高质量发展一方面得益于国民经济持续多年稳步增长提供的经济活力和市场动力，另一方面居民自身的拉动和消费也发挥着积极作用。

国家统计局资料显示：2022年全国国内生产总值1210207亿元，比上年增长3%；分产业来看，第三产业增加值638698亿元，比上年增长2.3%。近年来，我国宏观经济不断增长。图3.1是2017—2022年来我国国内生产总值数据和第三产业增加值数据。从图上可明显看出2017—2022年我国国民经济和第三产业增加值逐年递增且增速明显。国民经济总值和第三产业增加值的双增长为我国旅游产业创新发展提供相应旅游基础配套设施、充裕的资金保障。旅游产业创新的发展不仅需要城乡居民有足够的消费支出，还需要居民有稳定持续的收入保障。消费支出和收入保障是旅游产业创新的内在动力。2022年，我国城镇居民家庭收支恩格尔系数为29.5%，比上年降低0.3个百分点；全年全国居民人均可支配收入为36883元，比上年增长5个百分点；城镇居民人均可支配收入为49283元，比上年增长3.9个百分点。图3.2和图3.3所示分别是2017—2022年我国居民人均可支配收入和人均消费支出，从图上可以发现，近些年我国居民生活水平稳步提升。我国经济稳步增长，居民收入提高为我国旅游产业发展提供广阔的市场前景；居民消费支出的增加显示出我国旅游发展具有广阔的市场需求。

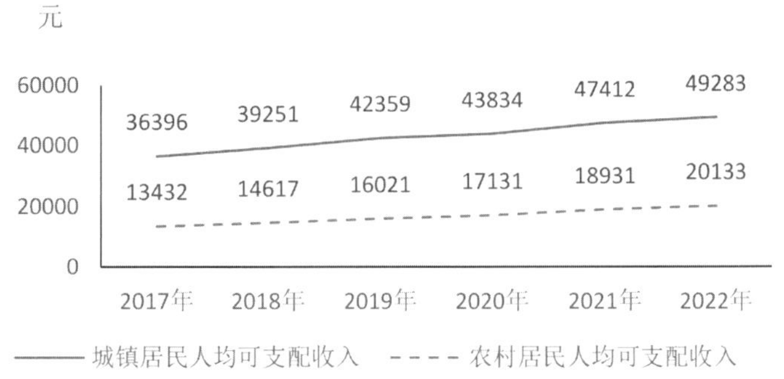

图3.1 2017—2022年我国宏观经济情况

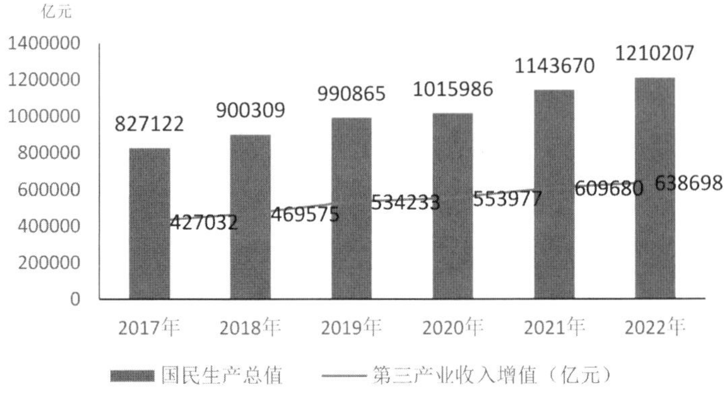

图3.2 2017—2022年我国居民人均可支配收入

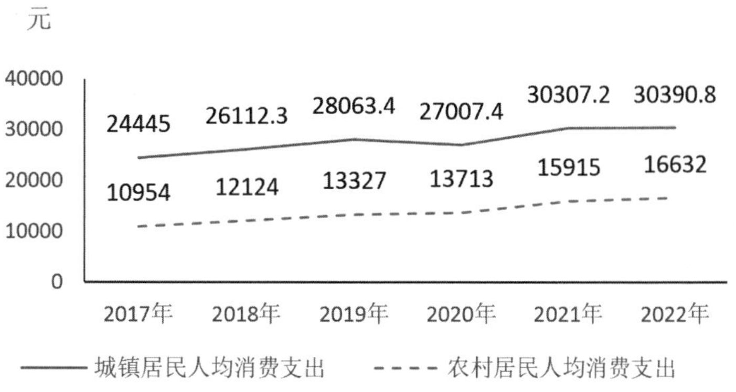

元

图3.3　2017—2022年居民消费支出
注：数据来源于国民经济和社会发展统计公报、中国经济年报、中国统计年鉴等。

二、融资环境拓展产业实践

丰富的旅游资源及新型旅游业态促进了旅游业的飞速发展。我国旅游产业投融资模式呈现规模不断增加、新兴旅游业态投资不断增加、旅游融资渠道不断拓展的趋势，极大地促进了我国旅游产业高质量发展相关的实践活动。

一是旅游产业投融资规模不断增加。2022年，全国文化和旅游事业费1202.89亿元，比上年增加70.01亿元，增长6.2%；数据显示，2022年全国文化和旅游投融资项目共81起，融资金额达24.25亿元。二是新型旅游业态投资不断增加。旅游业具有综合性的特色，具有同其他业态或产业融合的天然优势，在数字经济下，"旅游+"和"+旅游"等新兴旅游业态快速发展，并获得广大投资者的青睐。从投资内容上看，涉及酒店经营、旅游服务与开发、VR旅游、数字文旅、主题公园、旅游服务平台、旅游软件开发等领域。当前，我国旅游产业投资呈现新产品、新业态集聚的趋势，产业发展正在由政策引导转向项目支撑，有利的投融资环境为旅游产业发展提供强有力的项目支持。三是旅游融资渠道不断拓展。目前，我国旅游产业投资模式主要有旅游国债、国家财政支持、银行信贷、招商引资、盘活资产等。全域旅游理念的提出，不仅推动建设旅游基础设施和公共服务设施，同时逐步扩大PPP融资模式的应用，扩展政府同社会资本合作的模式。

第三节　社会环境

一、消费市场环境

从目前的消费观念和消费环境来看，自给自足、封闭式的消费观念已经被多元化、品质化、协调化的消费观念取代，"90后"、高学历人群逐渐成为旅游消费市场主流，近郊旅游占据市场主要地位。新型消费观念和旅游消费市场对旅游产业高质量发展提出了新要求。

通过对《全国年节及纪念日放假办法》和《职工带薪年休假条例》方案的调整，我国居民法定节假日与休息日总天数由1984年的不到60天增长至现在的接近120天。随着新发展理念、数字经济技术的广泛普及，名山、湿地、古镇这老三样旅游吸引物已不再受游客的青睐，而强调参与性和体验性的旅游成为时尚，游客更渴望享受用数字技术提供的有形实体旅游产品。旅游消费的改变要求旅游产业提升数字技术应用程度，开发具有体验性和参与性的数字旅游产品。携程发布的2019年国民旅游消费报告数据显示，随着年轻消费力量不断崛起，"90后"成为大众旅游消费的主力军；中国旅游研究院发布的《中国国内旅游发展年度报告（2022—2023）》表明城镇居民和高学历人群是我国最主要的旅游客源市场，占比分别达到72.15%和42.27%；省内旅游占国内旅游流量的81.24%，且81%的省际旅游客流为相邻省份间的旅游流动。我国消费旅游市场逐渐呈现年轻化、高学历化、本地化特征。年轻人追逐新鲜事物、高学历人群喜爱科技感丰富的旅游体验、本地人对本地旅游的新鲜感对旅游产业产品和业态提出挑战。旅游业亟须创新开发出个性化鲜明的特色旅游产品、新型旅游消费模式和新兴旅游业态。

二、产业竞争环境

数字信息的发展、信息的广泛交流带来城市内部产业竞争和城市群产业竞争。旅游产业创新可缓解各地旅游产业营销压力，促进旅游产业绩效稳步增长。

中国A级景区数量已高达1.5万家，景区间竞争越来越激烈。中国旅游产业处于多元化、激烈化竞争。同一城市的内部地区由于区位条件相同、目标客源市场重叠，采取相同的产业创新发展策略，这可推进城市整体旅游产业结构转型升级。城市群由于区位条件相似、旅游资源雷同，开发建设的旅游项目存在同质化竞争问题，盲目扩大规模、采取价格战扰乱市场等无序竞争手段影响了旅游产业发展进程。旅游产业创新是引领旅游产业发展的第一动力。为取得战略引领地位，就必须把创新摆在旅游产业发展全局的核心地位，不断推进旅游产品创新、旅游科技手段创新、旅游文化创新、旅游商业模式创新和旅游业态创新。

第四节　技术环境

一、科学技术提供重要支撑

外部技术环境的变化对旅游产业影响重大。我国坚持把科技创新作为国家发展的战略支撑，科学技术的发展不仅为旅游产业的高质量发展提供了重要的工具，还为旅游产业的高质量发展提供了重要发展机遇。

第一，科技发展推动了旅游需求变化。科技进步解放了人类生产力，为国民出游提供了更多机会与闲暇时间，创造了新型市场需求。随着互联网的不断发展壮大，旅游者可借助共享平台随心表达和定义自己的个性化需求。科技进步催生了旅游者个性化与特色化需求，极大地推动了旅游产业创新。

第二，数字技术的发展推动了旅游产品的创新。随着数字经济的迅猛发展，在以云计算、大数据、5G、物联网、人工智能等为代表的数字技术引领下，旅游供给已经从传统的线下旅游服务转型升级为数字化、网络化和智能化等特色旅游产品，如智慧交通、智慧旅游、智慧景区等。虚拟现实（VR）

和增强现实（AR）技术引导景区开发多样化的数字化体验产品，如数字展示、光影夜游、沉浸式演出等。

第三，数字技术推动旅游产业业态创新。数字技术使旅游商务信息系统、全球GPS及各类系统中的信息经由网络信息平台整合互联成为可能；使信息及时获取、自动智能协同处理、计算和预测、监管和运营成为可能；使各类信息在旅游供给者、游客、监管部门等参与主体间互相流通成为可能。智慧旅游信息平台的建设催生了智慧旅游新业态，实现了旅游产业业态创新。

二、人才供给增加创新机会与能力

人才是驱动旅游产业创新的主体。数字技术的快速发展一方面为旅游产业人才提供更便捷的工作方式，另一方面对旅游产业高质量人才培养提出挑战。

互联网技术为旅游业人才的工作方式提供了技术支持，为其提供弹性的工作机会、灵活的工作场所和自由的工作方式。创新人才灵活的工作方式和时间催生了旅游电子商务新业态；借助互联网技术，创业人才不再受限于工作地点的要求，降低了创业型人才的创业门槛；借助互联网技术，创新型人才可以通过新的分工与协作方式拓展旅游产业创新思路。我国旅游从业人员面临专业技术及复合型人才比例低、留不住专业人才等问题。主要表现在我国旅游人才队伍中以技能型人才为主，如导游、酒店服务员等一线工作人员，而专业复合型人才尤其是高素质、实战型、创新型人才缺乏；我国旅游专业本科毕业生初次就业选择在旅游行业就业的仅占20%~30%，而稳定率仅占10%~20%。数字经济背景下，旅游行业的重大变革对旅游行业人才提出新要求。旅游行业需要综合能力强、兼备数字技术和旅游管理专业技能、具有创新思维的高素质复合型人才。而旅游人才培养机制并未随着时代发展而改变，数字经济下拥有数字技术的旅游产业人才缺乏，难以满足旅游产业数字化转型的需要。旅游管理人才培养上因循守旧，仍延续技能型、单一型的人才培养模式，人才培养方向与行业需求严重错位。传统旅游管理人才缺乏创新思维、专业技能单一，在市场竞争中处于劣势。

第五节　本章小结

新时期我国旅游产业高质量发展的宏观政治、经济、社会和技术环境发生了重大变革，机遇与挑战并存（表3.2）。一方面，宏观政治环境为旅游产业发展提供良好政策基础，引导旅游产业走数字化创新道路；经济环境为旅游产业发展提供强大资金支持和有力的投资环境；社会环境为旅游产业发展提供广阔的市场前景和产业内部改善基础；技术环境为旅游产业创新提供技术支持的同时增加了旅游产业创新的机会和能力。另一方面，政策环境使旅游产业内部竞争压力升级，对旅游产业提出更高的要求；经济环境的完善对旅游产业资金使用及利益协同发起挑战；社会环境中市场需求的增加和多元化倒逼旅游产业特色化创新和供给侧结构性改革；技术环境的进步对旅游产业智能化变革提出更高要求。旅游产业不得不深化数字技术应用，探求数字技术同旅游产业高质量改革的内在机理，以提升旅游产业发展水平来应对环境变革带来的挑战。

综上，旅游产业高质量发展顺应了时代变化和产业内部变革，是促进经济高质量发展的必然要求。

表3.2　数字经济下旅游产业环境发展带来的机遇与挑战

宏观环境	机遇	挑战
政治环境	为旅游产业高质量发展提供良好的环境基础，引导旅游产业高质量发展走数字化道路	旅游产业内部竞争压力升级，对旅游产业高质量发展提出更高要求
经济环境	为旅游产业高质量发展提供强有力的经济支持和旅游产业投融资环境	融资方式的拓展对旅游产业资金使用、利益协同提出更高要求
社会环境	为旅游产业高质量发展提供广阔的市场前景，提供产业内部高质发展基础	市场需求增加倒逼旅游产业高质量发展和供给侧结构性改革
技术环境	科技发展为旅游产业高质量发展提供技术支撑，增加高质量发展机会和能力	数字技术发展对深化技术应用提出更高要求，旅游行业重大变革给旅游产业人才培养提出重大挑战

第四章 数字经济下国内旅游经济韧性的测度与分析[1]

旅游业成为国民经济新兴支柱产业。然而，自然灾害和公共安全事件的频发，使旅游业这一典型的环境敏感性行业受到较大的冲击，出入境旅游一度处于停滞状态。旅游经济严重下滑，旅游业遭受巨大损失，2022年旅游业对GDP的综合贡献度跌破2%，旅游经济的敏感性、脆弱性凸显。而"韧性"为旅游经济维持稳定性、降低脆弱性、提高适应性，从而维持竞争优势、避免经济硬着陆、促进数字经济时代旅游产业高质量发展提供了新的理论视角。在数字经济时代有效提升旅游经济韧性水平对于维持旅游行业稳定、促进旅游高质量发展、助力国民经济发展具有重大意义。基于此，本章对数字经济下的国内旅游经济韧性进行测度与分析，明晰当前旅游经济韧性发展现状，确保数字经济作为提升旅游经济韧性的外部手段是必要且可行的。

第一节 旅游经济韧性评价指标体系构建

一、构建方法

由于有关旅游经济韧性研究的理论体系尚不完善，为保证研究的科学

---

1 陈雪钧，周敏.中国省域旅游经济韧性及影响因素分析［J］.开发研究，2024（2）：67-77.

性，采用文献扎根分析法构建旅游经济韧性评价指标体系。文献扎根分析法是将系统文献法与扎根理论相结合的一种研究方法，利用系统文献法收集相关文献后再利用扎根理论对文献进行分析。系统文献综述法可以全面整体地认识已有研究文献，包括定义与细化研究问题、确定研究类型与明晰文献筛选标准、文献检索、筛选检索结果等基本研究阶段。扎根理论最早是由社会学家Glaser和Strauss于20世纪60年代提出的一种科学有效的定性研究方法。扎根理论是一种自下而上构建理论的方法，主张在收集原始资料的基础上，不断比较、抽象出新的概念和范畴，并通过概念之间的联系构建实质理论。

二、构建步骤

（一）确定文献研究问题

为了系统科学地构建指标体系，将本研究进行细化，确定了以下几个研究问题。

（1）旅游经济韧性的发展水平如何测度？

（2）旅游经济韧性的测度指标有哪些？

由于旅游经济韧性方面高度相关的文献较少，为保证研究的科学严谨性，将研究问题朝相关领域进行扩展，确定了以下研究问题。

（3）旅游韧性、旅游经济与经济韧性的测度指标有哪些？

（二）确定文献研究类型

本研究以研究性和综述性等期刊论文、博硕士论文作为研究对象，不限制文献出版时间，以便于更加系统全面地收集相关文献。

（三）确定文献筛选原则

根据研究目的和研究问题提出了文献筛选的三项基本原则：一是文献必须是与旅游经济韧性、旅游经济、经济韧性等高度相关的研究文献；二是文献需全部或者部分考察到旅游经济韧性、旅游韧性、经济韧性如何测度；三是文献以高质量期刊、高引用率的文献为优。

（四）文献检索结果

本研究将知网和Web of Science文献数据库作为数据检索源，根据研究目的和研究问题，以旅游经济韧性、旅游韧性、经济韧性的测度为主题词进行检索。截至2023年3月，利用知网数据库的文献检索功能，一共获得168篇中文文献。利用Web of Science检索相关英文文献，一共获得34篇英文文献。去除重复性文献以及阅读文章摘要和内容后，再去除不相关文献30篇，最终共获得中英文文献172篇。

（五）数据分析

根据所收集到的文献，阅读文献整理出研究所需要的内容，对所整理出的文本资料利用扎根理论研究方法进行三级编码，通过分析、逐步归纳和协商构建出旅游经济韧性的综合评价指标体系。

三、数据编码

基于"扎根理论"的运用要求，对文献资料进行分析整理，自下而上进行"开放式编码—主轴编码—选择性编码—饱和度编码"的程序化分析，然后将各级编码在反复比较后建立联系。最终，依据文献资料分析形成了18个概念范畴（三级节点）、11个主范畴（二级节点）、4个核心范畴（一级节点）。

（一）开放式编码

开放式编码是扎根理论的第一级编码，是在初始资料逐字逐句分析的基础上，对所记录的可被编码的内容赋予概念化标签，从中产生初始概念和概念范畴。本研究通过开放式编码，得到18个概念范畴，结果如表4.1所示。

表4.1　概念范畴及原始语句示例

概念范畴	原始语句示例（理论依据）
O1旅游资源质量	区域经济发展水平、旅游资源禀赋和对外开放程度是造成湖北省各市州旅游经济非均衡发展的主要因素 长三角城市群旅游经济差异的形成受到旅游资源禀赋、区域经济发展水平、产业结构层次等因素的共同影响

续表

概念范畴	原始语句示例（理论依据）
O2旅游资源数量	黄河流域，星级景区数量、人文景观数量、自然景观数量对旅游经济有显著影响，影响程度依次减弱，且因子间的交互作用效果明显 AAA级以上景点数、国家级非物质文化遗产数、公路密度、3星级以上宾馆数是影响武陵山片区旅游经济发展水平的主要因素
O3旅游收入	在影响因素上，旅游经济水平对旅游经济系统总体韧性水平产生显著影响，旅游经济水平依靠收入相关指标衡量 入境旅游收入是影响入境旅游经济韧性的主要障碍因子
O4人均国内生产总值	影响京津冀地区旅游经济增长的主要因素有人均GDP等，其中人均GDP对旅游经济增长有显著的空间溢出效应 影响二次经济危机中韧性能力的主要因素是不同的，人均GDP的解释力较强
O5居民收入	影响因素分析显示，城镇居民可支配收入和旅游资源禀赋水平对西部地区旅游经济的均衡化发展发挥了主导的推动作用 以2011年新疆15个地州市的截面数据为样本，对其旅游经济影响因素进行定量的实证分析，得出资源丰裕度、人均可支配收入和景区的容纳量是新疆旅游经济最主要的影响因素
O6气候	气候变化对一个国家旅游业的影响由于收入水平的差异而有所不同，收入水平低的国家更易受到影响 旅游目的地的环境、气候和产业结构也是影响旅游经济发展的重要因素
O7绿化程度	笔者从生态角度，选取了全年城市环境空气质量优良天数占比以及建成区绿化覆盖率等指标来衡量 旅游经济韧性衡量方面包括绿化综合水平这一指标
O8政府财政投入	旅游财政支出对旅游经济综合效率的促进作用最大 政府的支持是旅游业恢复并发展的动力和保障，从惠民政策和财政投入两个方面入手
O9旅游基础设施	旅游基础设施状况是影响长江经济带旅游经济时空分异的主要因素 旅游基础设施建设对城市经济韧性的影响具有时间滞后性
O10旅游接待设施	服务业发达程度是民族贫困地区旅游经济差异的主要影响因素 旅游接待设施水平对区域旅游经济增长有正向促进作用，呈现"南高北低、西高东低"的特点

续表

概念范畴	原始语句示例（理论依据）
O11从业人口数量	研究期内，职工平均工资影响因子的解释力提升明显，年末单位从业人员数始终对山西旅游经济韧性保持较强影响 旅游从业人员数、地区环境氛围的"截流效应"显著，旅游从业人员数、地区环境氛围、旅游企业固定资产的负向扩散效应远大于其直接效应
O12人口密度	对不同类型城市，人口密度均和其城市经济韧性显著正相关 旅游财政支出和人口密度对旅游经济综合效率具有显著促进作用，旅游财政支出的促进作用最大
O13旅游经济投入	资本的持续供给，资金要素是支撑旅游企业持续发展的动力源泉 旅游经济韧性衡量方面包括旅游经济投入这一指标
O14固定资产投资	结果显示，国内生产总值、城镇居民可支配收入、社会固定资产投资等投资和消费影响因子对旅游经济的促进作用更加显著 人均旅游业固定资产投资在促进旅游经济增长方面存在旅游发达省（区、市）与落后省（区、市）的差别，具有收敛效应
O15消费群体多样性	常住人口收入水平（PRI）、常住人口就业水平（PRE）、区域产业结构多样性（RISD）、国际游客数量（ITN）和旅游区数量（UTA）对提升粤港澳大湾区旅游产业经济韧性有显著的促进作用 入境旅游人数是影响入境旅游经济韧性的主要障碍因子
O16科技创新	影响城市经济韧性的因素主要是产业结构和技术创新两方面 技术因素是解释经济韧性的重要因素
O17院校数	障碍因素方面，旅游专业院校情况是山东省旅游经济系统韧性水平提升的主要障碍因素 旅游专业院校作为衡量中国旅游经济韧性的一大指标
O18在校生数	供给要素包括星级饭店总数、旅行社总数、A级景区数、旅游就业人数、旅游专业在校生数、政府的财政预算支出 每万人在校大学生数对经济韧性整体水平影响显著

（二）主轴编码

在完成开放式编码梳理出旅游经济韧性的初始范畴因素的基础上，对其进一步进行整理归纳，获得涵盖范围更高一级且不相互重合交叉的主范畴，从而更好地把握资料的逻辑关联。经过反复比对和推敲，最终得出11个主范畴，结果如表4.2所示。

表4.2　主轴编码结果

主范畴	概念范畴
A1旅游资源	O1旅游资源禀赋　O2旅游资源数量
A2旅游经济基础	O3旅游收入
A3地方经济基础	O4人均国内生产总值　O5居民收入
A4生态环境	O6气候　O7绿化程度
A5政府支持	O8政府财政投入
A6旅游设施	O9旅游基础设施　O10旅游接待设施
A7现有人力资源	O11从业人口数量　O12人口密度
A8资金投入	O13旅游经济投入　O14固定资产投资
A9开放性	O15消费群体多样性
A10创新能力	O16科技创新
A11智力储备	O17院校数　O18在校生数

（三）选择性编码

选择性编码是在主轴编码的基础上，对主范畴之间的关系进行梳理后形成核心范畴。本研究根据Martin等学者对经济韧性划分维度的研究，将抵御能力、恢复能力、重构能力和更新能力作为核心范畴，结果如表4.3所示。

表4.3　选择性编码结果

核心范畴	主范畴
S1抵御能力	A1旅游资源　A2旅游经济基础　A3地方经济基础
S2恢复能力	A4生态环境　A5政府支持　A6旅游设施
S3重构能力	A7现有人力资源　A8资金投入　A9开放性
S4更新能力	A10创新能力　A11智力储备

1. 抵御能力

抵御能力是指在内部、外部等多重因素的干扰下依旧能够维持自身结构和功能的能力。旅游资源、旅游经济水平、地方经济水平等是衡量抵御能力的主要因素。

2. 恢复能力

恢复能力是指在旅游经济系统受到冲击后恢复到系统原有动态平衡的速

度和能力。良好的生态环境、政府的大力支持以及完善的旅游设施都有助于旅游经济的快速恢复。

3. 重构能力

重构能力是指在受到内外部因素扰动的情况下，重新调整结构和功能以适应新环境、谋求未来更好发展的能力。足够的人力资源、资金投入以及较好的开放性均对重构能力大有裨益。

4. 更新能力

更新能力是指在发展过程中寻求新方式、发展新路径、维持旅游经济系统与时俱进的长期发展能力。创新是长期发展的动力源泉，智力储备是保障系统长期稳定运行的支撑。因此，创新能力与智力储备是更新能力的重要因素。

（四）饱和度编码

为确保研究编码产生各要素及相互关系的信度和效度，以确保新获取的资料不再产生新范畴，以2023年4月至2023年12月为时间段，以旅游经济韧性为主题在知网进行检索，获得新文献26篇。将所得的26篇文献再次进行上述三级编码，结果表明，新获取资料并未产生新的概念，这说明扎根理论研究结果已经达到饱和，信效度良好，停止采样。

四、旅游经济韧性综合评价指标体系

根据扎根理论编码所得出的核心范畴、主范畴、概念范畴，以及根据概念范畴选取相关可量化、面板数据可获取的衡量指标，按照包含关系，建立旅游经济韧性综合评价指标体系（表4.4）。

表4.4　旅游经济韧性综合评价指标体系

核心范畴	主范畴	概念范畴	衡量指标
抵御能力	旅游资源	旅游资源质量	高等级旅游资源占比
		旅游资源数量	A级景区数量
	旅游经济基础	旅游收入	旅游总收入

续表

核心范畴	主范畴	概念范畴	衡量指标
抵御能力	地方经济基础	人均国内生产总值	人均GDP
		居民收入	人均可支配收入
恢复能力	生态环境	气候	平均优良天数率
		绿化程度	人均公园绿地面积
	政府支持	政府财政投入	文旅事业费支出占财政比重
	旅游设施	旅游基础设施	公路里程数
		旅游接待设施	星级酒店和旅行社数量
重构能力	人力资源	从业人口数量	文旅机构从业人员数
		人口密度	人口密度
	资金投入	旅游经济投入	文旅事业费支出
		固定资产投资	旅游产业固定资产投资
	开放性	消费群体多样性	入境旅游人次
更新能力	创新能力	科技创新	旅游R&D经费
	智力储备	院校数	高等院校数量
		在校生数	研究生在校生数

第二节 研究区域及测度方法

一、研究区域及数据来源

本章以中国的各个省份作为研究区域，由于西藏、香港、澳门和台湾数据缺失严重，暂不纳入评价范围。故本章节以中国30个省、区、直辖市的旅游经济韧性作为研究对象，以2017—2022年作为研究时间区间。相关指标的数据来源于国家统计局、工业和信息化部、北京大学数字普惠金融指数、各省历年国民经济和社会发展统计公报和旅游业统计公报、《中国文化文物和旅游统计年鉴》、《中国科技统计年鉴》、《中国第三产业统计年鉴》。其中，旅游产业固定资产投资=固定资产投资×（旅游收入/国内生产总值），旅游R&D经费投入=R&D经费投入×（旅游收入/国内生产总值）。

二、测度方法

本研究所收集数据为"三维"面板数据，为了从纵向和横向两个维度体现各个省域的旅游经济韧性和数字经济发展水平，采用纵横向拉开档次法进行测度。纵横向拉开档次法是一种适用于"三维"面板数据、完全基于观测数据、有效避免人为因素干扰、尽可能体现出评价对象间差异性的综合评价方法，具体步骤如下。

（一）数据标准化处理

为了规避数据量纲的影响，保证数据间的可比性，采用极差法对数据进行标准化处理。由于测度指标均为正向指标，数据处理方法如下：

$$x^{*}_{ij}(t_k) = \frac{x_{ij}(t_k) - m_j}{M_j - m_j} \tag{4.1}$$

式中，$x_{ij}(t_k)$为第i个省份第j个指标在第t_k年的值；$x^{*}_{ij}(t_k)$为$x_{ij}(t_k)$标准化后的值；$M_j = \max\{x_{ij}(t_k)\}$和$m_j = \min\{x_{ij}(t_k)\}$分别为第$j$个指标$t_k$年在全部省份中的最大值和最小值，并根据处理后的指标值构造数据矩阵A_k。

（二）确定评价指标的权重w_j

为最大可能地体现出评价对象的差异性，使$y_i(t_k)$的总离差平方和 $e^2 = \sum_{k=1}^{T}\sum_{i=1}^{n}\left[y_i(t_k) - \overline{y}\right]^2$ 取到最大值，数据标准化处理后有 $\overline{y} = \frac{1}{T}\sum_{k=1}^{T}\left[\frac{1}{n}\sum_{i=1}^{n}\sum_{j=1}^{m}w_j x_{ij}(t_k)\right] = 0$，故 $e^2 = \sum_{k=1}^{T}\left[\boldsymbol{W}^{\mathrm{T}}\boldsymbol{H}_k\boldsymbol{W}\right] = \boldsymbol{W}^{\mathrm{T}}\sum_{k=1}^{T}\boldsymbol{H}_k\boldsymbol{W} = \boldsymbol{W}^{\mathrm{T}}\boldsymbol{H}\boldsymbol{W}$。其中 $\boldsymbol{W} = (w_1, w_2, \cdots, w_m)^{\mathrm{T}}$，$\boldsymbol{H} = \sum_{k=1}^{T}\boldsymbol{H}_k$ 是 $m \times m$ 的对称矩阵，$\boldsymbol{H}_k = \boldsymbol{A}_k^{\mathrm{T}} \times \boldsymbol{A}_k$，$(k = 1, 2, \cdots, T)$。由此可以证明，当给定$\boldsymbol{W}^{\mathrm{T}}\boldsymbol{W} = 1$时，矩阵$\boldsymbol{H}$的最大特征值对应的特征向量即为权重系数，此时$e^2$取最大值。

（三）计算综合评价指数 $y_i(t_k)$

计算公式如下：

$$y_i(t_k) = \sum_{j=1}^{m} w_j x'_{ij}(t_k) \tag{4.2}$$

第三节　旅游经济韧性测度结果及分析

利用Matlab软件对旅游经济韧性的三维时序立体数据按纵横向拉开档次法的相关步骤进行处理，最终得出各个省域旅游经济韧性的综合评价指数如表4.5所示。

表4.5　旅游经济韧性综合评价指数

省份	2017年	2018年	2019年	2020年	2021年	2022年	均值
北京	0.499	0.512	0.524	0.505	0.472	0.464	0.496
天津	0.283	0.269	0.259	0.222	0.218	0.237	0.248
河北	0.337	0.321	0.325	0.307	0.307	0.325	0.320
山西	0.296	0.288	0.291	0.268	0.263	0.278	0.281
内蒙古	0.345	0.327	0.318	0.299	0.296	0.301	0.314
辽宁	0.316	0.288	0.277	0.264	0.269	0.267	0.280
吉林	0.245	0.265	0.262	0.226	0.241	0.172	0.235
黑龙江	0.313	0.300	0.281	0.273	0.284	0.289	0.290
上海	0.467	0.476	0.495	0.452	0.466	0.433	0.465
江苏	0.574	0.552	0.543	0.552	0.552	0.562	0.556
浙江	0.543	0.552	0.537	0.547	0.557	0.564	0.550
安徽	0.347	0.362	0.348	0.340	0.352	0.366	0.353
福建	0.380	0.389	0.379	0.382	0.361	0.376	0.378
江西	0.352	0.369	0.368	0.367	0.388	0.388	0.372
山东	0.520	0.477	0.448	0.441	0.445	0.486	0.469

省份	2017年	2018年	2019年	2020年	2021年	2022年	均值
河南	0.361	0.371	0.360	0.353	0.363	0.356	0.361
湖北	0.416	0.410	0.394	0.395	0.415	0.418	0.408
湖南	0.399	0.379	0.383	0.431	0.441	0.424	0.409
广东	0.681	0.694	0.664	0.627	0.605	0.593	0.644
广西	0.308	0.318	0.333	0.365	0.364	0.338	0.338
海南	0.233	0.204	0.189	0.196	0.203	0.217	0.207
重庆	0.315	0.330	0.328	0.328	0.349	0.367	0.336
四川	0.464	0.460	0.460	0.503	0.482	0.476	0.474
贵州	0.328	0.318	0.311	0.308	0.284	0.278	0.304
云南	0.369	0.376	0.420	0.357	0.360	0.436	0.387
陕西	0.332	0.325	0.337	0.319	0.323	0.327	0.327
甘肃	0.267	0.253	0.239	0.243	0.245	0.247	0.249
青海	0.181	0.175	0.216	0.173	0.169	0.160	0.179
宁夏	0.104	0.176	0.202	0.196	0.189	0.214	0.180
新疆	0.212	0.215	0.228	0.221	0.234	0.256	0.228
均值	0.359	0.358	0.357	0.349	0.350	0.354	0.355

为更加深入了解各个省域的旅游经济韧性，利用ArcGIS软件，根据各省份旅游经济韧性的均值，采用自然间断点法将旅游经济韧性划分为5个等级。区间小于等于0.249为低水平、（0.249，0.338]为较低水平，（0.338，0.409]为中等水平，（0.409，0.496]为较高水平，大于0.496为高水平。基于自然资源部标准地图服务网址GS（2020）4630号标准地图，根据自然间断点的划分绘制我国省域旅游经济韧性等级（表4.6）。

根据测度结果和空间分析得出如下结果。

第一，我国整体的旅游经济韧性水平较低。我国省域整体旅游经济韧性综合评价指数的平均测度值仅为0.355，且2017—2022年，我国省域整体的旅游经济韧性呈现波动下降的趋势（表4.5）。

第二，高水平和较高水平的省份主要集中于沿海地区，中等水平的省份主要集中于中部地区，较低水平的省份主要集中于东北地区、黄河中游和西南地区部分省份，低水平的省份主要集中于西北地区，且最高水平与最低水平之间平均测度值相差达到0.465，两极差异明显。旅游经济韧性水平总体呈现东强西弱、南强北弱的分布格局，且由东南沿海向西北内陆逐渐减弱，各个等级存在空间集聚特征。此外，旅游经济韧性水平与区域经济发展水平基本保持一致，即经济发展水平越好的省份，旅游经济韧性水平也较好。

第三，随着时间变化（表4.6），旅游经济韧性的空间格局总体特征并未发生明显改变，但低水平省份数量增加，较低水平省份数量明显减少，中等水平省份数量相对稳定，较高水平省份数量有所上升，高水平省份数量有所下降。表明旅游经济韧性的两极差异随着时间推移更为突出，也显示出旅游经济韧性强的省份能够更好地应对危机，以最大限度地维持自身稳定。

表4.6　各省份旅游经济韧性水平等级

类型	2017年	2019年	2021年
低水平	新疆、青海、宁夏、吉林、海南	新疆、青海、宁夏、海南、甘肃	新疆、青海、宁夏、海南、甘肃、吉林、天津
较低水平	黑龙江、辽宁、河北、天津、山西、陕西、甘肃、重庆、贵州、广西	黑龙江、辽宁、河北、天津、山西、陕西、重庆、贵州、广西、吉林、内蒙古	黑龙江、辽宁、河北、山西、陕西、贵州、内蒙古
中等水平	内蒙古、河南、安徽、湖南、江西、福建、云南	河南、安徽、湖北、湖南、江西、福建	河南、安徽、江西、福建、重庆、云南、广西
较高水平	四川、湖北、上海	四川、云南、山东、上海	四川、湖北、湖南、山东、北京、上海
高水平	北京、山东、江苏、浙江、广东	北京、江苏、浙江、广东	江苏、浙江、广东

　　值得注意的是，四川省旅游经济韧性水平在多数年份处于较高水平，脱颖而出成为中西部地区旅游经济韧性水平的"领头羊"，其原因如下：一是四川作为我国重要的旅游大省，旅游基础设施建设好，旅游资源丰富，拥有多处世界遗产，旅游知名度高，旅游收入更是位居前列；二是四川是我国西部第一大经济省份，地方经济基础好，经济发展水平较高；三是政府的高度重视和地方产业的积极配合。四川的文旅产业积极抓住各项机遇，从市场、人才、行业等多方面多管齐下，积极向建设旅游强省的目标迈进。湖北、湖南两省旅游经济韧性水平2021年约跃升至较高水平，这得益于两省在面对公共卫生安全事件时，管控政策强劲，应对方案科学有效，使公共卫生安全事件对旅游业的影响尽可能减小。

第四节　本章小结

　　本章通过文献扎根分析法构建了囊括抵御能力、恢复能力、重构能力、更新能力4个核心范畴、11个主范畴以及18个概念范畴的旅游经济韧性综合评价指标体系，并采取纵横向拉开档次法对各个省份的旅游经济韧性水平进行测度。测度结果表明我国整体的旅游经济韧性水平较低。空间上呈现"东高西低，南高北低，由东南沿海向西北内陆旅游经济韧性水平逐渐减弱，具有较强集聚性"的特征，且区域发展不平衡现象较为突出，两极分化较为明显。此外，旅游经济韧性水平与区域经济发展水平基本保持一致，即经济发展水平越好的省份，旅游经济韧性水平也较好。

第五章 数字经济对旅游经济韧性的影响机制[1]

根据旅游经济韧性的测度与分析可知，我国省域整体旅游经济韧性水平较低，时间上呈现波动下降趋势，空间上呈现"东强西弱，南强北弱，由东南沿海向西北内陆减弱且各个等级存在空间集聚现象"的总体特征，旅游经济韧性的区域发展不平衡现象突出。这一结果表明受自然灾害和公共安全事件的影响，旅游业这一典型的环境敏感性行业受到较大的冲击，旅游经济的敏感性、脆弱性凸显，旅游经济韧性水平亟待提升。与此同时，数字经济的发展水平在逆势中却依旧保持稳定甚至呈现上升趋势，显示出其强大的韧性。数字经济的发展能够显著增强经济韧性。数字经济在旅游产业中的运用，给旅游业注入了新的生命力，是提升旅游经济韧性的重要抓手，也是旅游产业高质量发展的新支撑。本章主要研究数字经济对旅游经济韧性的影响机制，为提升旅游经济韧性水平探索新路径，以推动旅游产业高质量发展。

---

1 Zhou M, Chen X J. Research on the influence mechanisms of digital economy on tourism economic resilience—empirical evidence from China[J].Portuguese Economic Journal, 2024: 1-25.

第一节　研究假设

一、数字经济对旅游经济韧性的直接影响

当前正处于以互联网、大数据、云计算、物联网、移动互联网和人工智能等为特征的第四次产业革命爆发期。数字经济作为此次产业革命的典型代表，其全面发展和在旅游产业中的运用，给旅游业注入了新的生命力，是提升旅游经济韧性的重要抓手。

其一，数字经济是以信息和通信技术为基础，通过信息通信技术的有效使用促进旅游产业效率提升，为增强旅游经济韧性打下坚实基础。首先，利用数字技术优化旅游平台建设。数字平台具有信息传播处理、资源集成和创新等功能，将其应用到旅游领域，打造旅游数字化平台，避免因资源浪费和信息不对称带来的负面效应，充分发挥平台系统的信息交流、资源配置、社会整合和学习创新优势，为生产过程中供求双方出现的要素失衡等显著矛盾提供解决方法，从而增强旅游经济的抵抗能力和创新能力。其次，数字技术将旅游数据、旅游资源智能化，打破生产要素流动壁垒，对实体旅游资源和虚拟旅游资源进行跨时空的再配置，加快要素流动，不断实现旅游产业的帕累托改进。

其二，数字经济能够优化旅游产业结构。良好的产业结构是旅游经济韧性系统中抵抗力和恢复力的关键。数字要素作为数字经济的核心组成部分，具有资源整合功能。数字要素的投入可以优化和重构旅游产业生产要素体系，从而实现旅游要素结构的优化。此外，数字要素作为新的生产要素，融入旅游产业中势必会引发原有旅游要素结构的调整。数字要素所具有的投入和产出双重功能有助于塑造良好的旅游产业结构。

其三，数字经济与旅游业的融合使旅游领域涌现出诸多新领域、新业态和新模式。例如，近年来所涌现出的"云旅游""虚拟旅游""预约制"等新

业态、新模式，表明数字经济的融入使旅游业在面对外部危机冲击时仍能寻找到发展空间。因此，数字经济有利于提升旅游经济效率，促进旅游经济增长，优化产业结构，创新旅游发展模式，从而提升旅游经济韧性。

基于以上论述，提出假设1：

H1：数字经济对旅游经济韧性提升存在显著的正向影响。

二、数字经济对旅游经济韧性的传导机制

根据现代经济增长理论产业结构变化、技术进步、知识与人力资源等因素是经济增长的主要动力。基于此，本研究从产业结构优化、创新能力、人力资源三个方面分析数字经济对旅游经济韧性的传导机制。

（一）产业结构优化的中介效应

数字经济从数字产业化、产业数字化、产业融合发展及需求端重塑四个方面促进产业结构优化。

在数字产业化方面，人工智能、大数据、云计算等以数据作为关键要素的新兴产业迅速兴起，拓展了第三产业的内涵，增加了第三产业的占比，从而推动了产业结构高级化进程。在产业数字化方面，传统产业利用数字经济独特要素资源重构生产过程，在发展中产生的联动效应和溢出效应推动了产业结构高级化。在产业融合发展方面，数字经济与各行业加速融合，通过颠覆式创新培育了数字农业、数字工业、数字服务业等新业态，在实现产业内部结构优化的同时，也带动了相关产业向高附加值领域转型。在需求端重塑方面，数字经济的发展不断改变着人们的消费方式和消费习惯等。需求侧发生变化促使服务业根据需求端改变消费供给，这一连锁反应有利于优化供给侧结构，助力产业结构升级。

综上所述，数字经济的发展有力地促进了产业结构优化，而产业结构优化的过程主要是指由第一产业主导转向第三产业主导发展。旅游业作为第三产业的组成部分，产业结构优化势必影响着旅游产业结构优化，而产业升级、产业结构优化影响着旅游经济系统韧性。基于此，提出假设2：

H2：数字经济通过促进产业结构优化来增强旅游经济韧性。

（二）创新能力的中介效应

数字经济有利于提升创新能力。数字经济对创新能力的提升主要体现在区域创新、企业创新、产品创新三个方面。

首先，数字经济的发展促进了区域创新。当前，数字经济的发展使人工智能、工业互联网、物联网等新型基础设施建设设备受重视。创新创业的相关优惠政策不断出台，创新研发投入不断增加。这些举措有力地吸引了创新主体和创新资源的集聚，集聚有利于创新主体之间沟通交流，以达到协同创新、取长补短、共同进步的目的，区域创新能力也因此得到提升。此外，数字经济的发展带动互联网水平的进步。互联网发展水平不仅对区域内创新产出有直接作用，而且对邻近区域的创新产出有推动作用。

其次，数字经济的发展促进了企业创新。数字经济的发展催生"虚拟产业园""数字藏品""无人经济"等一批新业态、新模式，衍生出大批新型企业。与此同时，新业态的出现使现有企业间的竞争加剧，迫使企业加快技术创新以获得生存空间和竞争优势，从而促进了企业创新能力的提升。

最后，数字经济的发展促进了产品创新。从供给端而言，信息化发展带来产品创新、程序创新等诸多创新成果；从需求端而言，数字经济的发展带动人们在智能化、便捷化等方面多样化和个性化，消费需求升级推动产品不断变革和创新。

在区域经济受到冲击时，创新能力越强的地区越容易出现新的生产活动，进而推动经济复苏，摆脱外部冲击带来的不利影响。创新能力也是影响旅游经济韧性的重要影响因素，对旅游经济韧性的更新能力至关重要。基于此，提出假设3：

H3：数字经济通过提升创新能力来增强旅游经济韧性。

（三）人力资源的中介效应

人力资源作为经济生产的投入要素，直接参与经济生产过程。人力资源的增加有利于提高产出和促进国民生产总值的增长，其主要表现为劳动力数量的增加和劳动力素质的提高。

在劳动力数量方面，数字经济的发展改变了传统工业经济下的就业形态，开拓了新就业空间，提供了大量非单位、非岗位却能够获取收入的就业机会。数字经济创造的新就业岗位占比近三成，在第三产业中，数字经济带来的就业岗位占到六成。可见，数字经济在就业方面发挥着显著的引领作用，使劳动力数量得以增加。劳动力数量的增加与就业率的提升息息相关，就业是民生之本，解决好就业问题有助于提升人民的生活水平和生活质量。物质需求得以满足后，人们开始追逐精神层面的需求，旅游作为一种精神层面的活动，符合大众精神层面的追求。因此，数字经济促进了就业，就业提升了人们的生活水平，生活水平的提高使旅游需求增加，从而促进旅游经济增长，而旅游经济水平显著影响旅游经济韧性。此外，数字经济的就业带动效应集中于第三产业，有利于提升旅游产业的经济产出。同时人力资源在第三产业的分布占比提高，从量上满足了产业结构转型升级的需要。

在劳动力素质方面，数字经济的发展使在线教育、网络教学平台等应运而生，打破了传统教育在时间和空间上的限制，降低了知识资源的获取成本，促进教育资源共享，为提升人力资源水平提供良好环境。数字经济带动下的教育环境有利于提高劳动生产效率，从而引起各部门产出和地方经济水平的提升，而地方经济水平影响着旅游经济韧性的抵御能力。

基于以上论述，提出假设4：

H4：数字经济通过提升人力资源来增强旅游经济韧性。

三、数字经济对旅游经济韧性的空间溢出效应

Richard等经济学家认为数字经济可以导致"地理学终结"与"距离死亡"。数字经济具有高渗透性特点，数字经济的发展使物理空间和网络空间得以拓展。数字经济能够突破物理空间的限制，促进经济活动跨越地域边界，加强各要素的流动。在网络空间上，数字技术的不断发展衍生出了各种数字平台，部分经济活动在线上得以完成。此外，区别于传统要素的数字要素具有非竞争性和非排他性特点，可以跨空间供给多人使用，进一步加强了要素流动的速度和范围。已有研究证明，数字经济对经济高质量发展、城市经济韧性、旅游效率等均存在空间溢出效应。基于此，提出假设5：

H5：数字经济对旅游经济韧性的影响存在空间溢出效应。

第二节　模型构建与变量选取

一、模型构建

（一）基准回归模型

为了验证数字经济对旅游经济韧性的直接影响，即H1，本研究构建了面板固定效应模型：

$$\mathrm{TER}_{it} = \alpha_0 + \alpha_1 \mathrm{DE}_{it} + \alpha_c Z_{it} + \phi_i + \psi_t + \varepsilon_{it} \tag{5.1}$$

式中，TER为被解释变量，即旅游经济韧性；DE为数字经济发展水平；Z为一系列控制变量；ϕ为个体固定效应；ψ为时间固定效应；ε为随机扰动项。若回归系数α_1显著为正，则证明数字经济发展对城市经济韧性提升存在直接正向影响。

（二）中介效应模型

为了探讨数字经济对旅游经济韧性影响的机制中所存在的中介效应，本研究选择产业结构优化、创新能力与人力资源作为中介因素，即验证H2、H3和H4，具体模型构建如下：

$$M1_{it} = \beta_0 + \beta_1 \mathrm{DE}_{it} + \beta_c Z_{it} + \phi_i + \psi_t + \varepsilon_{it} \tag{5.2}$$

$$\mathrm{TER}_{it} = \gamma_0 + \gamma_1 \mathrm{DE}_{it} + \gamma_2 \mathrm{UIS}_{it} + \gamma_c Z_{it} + \phi_i + \psi_t + \varepsilon_{it} \tag{5.3}$$

$$M2_{it} = \delta_0 + \delta_1 \mathrm{DE}_{it} + \delta_c Z_{it} + \phi_i + \psi_t + \varepsilon_{it} \tag{5.4}$$

$$\mathrm{TER}_{it} = \eta_0 + \eta_1 \mathrm{DE}_{it} + \eta_2 \mathrm{EL}_{it} + \eta_c Z_{it} + \phi_i + \psi_t + \varepsilon_{it} \tag{5.5}$$

$$M3_{it} = \mu_0 + \mu_1 \mathrm{DE}_{it} + \mu_c Z_{it} + \phi_i + \psi_t + \varepsilon_{it} \tag{5.6}$$

$$\mathrm{TER}_{it} = \nu_0 + \nu_1 \mathrm{DE}_{it} + \nu_2 \mathrm{EL}_{it} + \nu_c Z_{it} + \phi_i + \psi_t + \varepsilon_{it} \tag{5.7}$$

式中，产业结构优化（$M1$）、创新能力（$M2$）与人力资源（$M3$）为中介变量。若回归系数β_1、γ_1、γ_2、δ_1、η_1、η_2、μ_1、ν_1和ν_2显著为正，则证明产业结构优化、创新能力与人力资源在数字经济对旅游经济韧性提升中承担了中介作用，且作用显著。

（三）空间计量模型

本研究通过构建空间滞后模型（SAR）分析数字经济发展对旅游经济韧性提升是否存在空间溢出效应，进一步从空间视角探讨数字经济发展与旅游经济韧性提升之间的关系。具体模型构建如下：

$$\text{TER}_{it} = \rho W \times \text{TER}_{it} + \alpha_1 \text{DE}_{it} + \alpha_c Z_{it} + \phi_i + \varepsilon_{it} \qquad (5.8)$$

式中，W 为空间经济距离权重矩阵；ρ 为内生交互效应的系数；α_1、α_c 分别为核心解释变量和控制变量的系数。

二、变量选取

本研究根据研究假设，将旅游经济韧性作为被解释变量，将数字经济作为核心解释变量，选择产业结构优化、创新能力、人力资源作为中介变量，同时参考文献中的普遍做法，选取对外开放性、政府支持、市场化程度作为控制变量，各变量指标说明如下。

（一）被解释变量

旅游经济韧性（TER）：旅游经济韧性作为一个复杂的系统，受到多方面因素的影响。由于现有文献中对其测量没有统一标准的指标体系，为确保旅游经济韧性测量的准确性和科学性，本研究利用文献扎根理论法，对以往研究进行总结，构建出旅游经济韧性综合评价指标体系，测度旅游经济韧性。

（二）核心解释变量

数字经济（DE）：现有研究对数字经济发展水平的测度多通过构建数字经济发展水平指标体系。故本研究参考文献中的普遍做法，结合以往学者的研究，构建数字经济发展水平指标体系对数字经济进行测度。

（三）中介变量

产业结构优化（M1）：产业结构优化的过程是调整不合理的产业结构，实现生产要素合理配置以实现产业协调发展的过程。本研究采用产业结构合理指标化对产业结构优化进行衡量。

创新能力（M2）：本研究采用技术市场成交额来衡量创新能力。

人力资源（M3）：旅游产业属于第三产业，故本研究利用第三产业从业人员数量来衡量人力资源。

（四）控制变量

旅游业的开放性会对一个地区的旅游经济韧性产生影响，尤其是对沿海地区的旅游经济发展。政府支持是旅游经济韧性提升的有力保障，尤其是在数智化时代下政府对科技创新的重视程度。市场化程度是引致旅游经济发展出现差距的主要根源，且对旅游经济系统总体韧性水平产生显著影响。基于此，本研究选取对外开放性（$Z1$）、政府支持（$Z2$）、市场化程度（$Z3$）等影响旅游经济韧性的因素作为控制变量。其中对外开放性采用外贸依存度衡量，政府支持利用地方财政科学技术支出来衡量，市场化程度采用市场化指数来衡量。

第三节　研究变量测度及描述性统计

一、被解释变量测度

被解释变量为旅游经济韧性，测度结果参考表4.5。

二、核心解释变量测度

根据数字经济的相关研究对指标体系进行构建。根据数字经济定义，数字经济是以信息和通信技术为基础，数字基础设施的差异是造就区域数字经济发展水平差异的重要原因。因此，数字基础设施是数字经济发展的重要保障。数字产业化和产业数字化是数字经济的重要组成部分，其作为数字经济发展的两大态势体现了数字经济的产业化发展以及数字经济与实体经济的融合。创新性、人才、政策制度等是影响数字经济发展的重要外部影响因素，构成了数字经济发展的环境和氛围。基于此，本研究将从数字基础设施、数字产业融合、数字发展环境三个维度出发，构建数字经济发展水平指标体系。

（一）数字基础设施

OECD以及一些学者在构建数字经济测算指标体系时都选用了数字基础设

施这一指标。数字基础设施直接影响着数字经济的发展。本研究采用移动电话普及率、互联网宽带接入端口和长途光缆线路长度对硬件设施进行衡量，采用网页数和移动互联网用户数对网络资源进行衡量。

（二）数字产业融合

数字产业融合主要体现在数字产业化和产业数字化两个方面。数字产业化即数字技术带来的产品和服务所形成的产业，主要包括电子信息制造业、电信业、软件和信息技术服务业、互联网行业等。产业数字化主要是通过应用数字技术和数字资源为传统产业带来效率提升，是数字经济和实体经济的融合。依据数字产业化和产业数字化的相关定义以及考虑到指标数据的可获得性，数字产业化采用电子信息制造业营业收入、电信业务总量、软件业务收入、互联网业务收入作为具体衡量指标；产业数字化采用数字普惠金融指数、电子商务销售额和邮政业务总量作为具体衡量指标。

（三）数字发展环境

塑造良好的数字经济发展环境对于数字经济发展至关重要。在前人研究的基础上，将创新环境、智力支持、政策支持等重要影响因素归为数字环境这一维度。运用开展创新活动企业数和国内专利申请受理量衡量创新。运用R&D人员全时当量和信息传输、软件和信息技术服务业企业单位数衡量智力支持，运用R&D经费内部支出政府资金占比衡量政策支持。

综上，本研究从数字基础设施、数字产业融合、数字发展环境三个维度，构建了包括硬件设施、网络资源、数字产业化、产业数字化、创新环境、智力支持、政策支持7个一级指标和17个二级指标的数字经济发展水平评价指标体系（表5.1），并根据纵横向拉开档次法计算出各个省份的数字经济发展水平（表5.2）。

表5.1　数字经济发展水平评价指标体系

维度	一级指标	二级指标
数字基础设施	硬件设施	移动电话普及率
		互联网宽带接入端口
		长途光缆线路长度
	网络资源	网页数

续表

维度	一级指标	二级指标
数字基础设施	网络资源	移动互联网用户数
数字产业融合	数字产业化	电子信息制造业营业收入
		电信业务总量
		软件业务收入
		互联网业务收入
	产业数字化	数字普惠金融指数
		电子商务销售额
		邮政业务总量
数字发展环境	创新环境	开展创新活动企业数
		国内专利申请受理量
	智力支持	R&D人员全时当量
		信息传输、软件和信息技术服务业企业单位数
	政策支持	R&D经费内部支出政府资金占比

利用Matlab软件对三维时序立体数据按纵横向拉开档次法的相关步骤进行处理，最终计算出各个省域数字经济发展水平的综合评价指数（表5.2）。

表5.2　各省域数字经济发展水平综合指数

省份	2017年	2018年	2019年	2020年	2021年	2022年
北京	0.519	0.503	0.499	0.498	0.503	0.497
天津	0.138	0.125	0.117	0.125	0.132	0.132
河北	0.217	0.194	0.185	0.192	0.198	0.214
山西	0.121	0.113	0.107	0.112	0.120	0.133
内蒙古	0.141	0.130	0.103	0.103	0.106	0.132
辽宁	0.193	0.167	0.156	0.155	0.148	0.159
吉林	0.126	0.136	0.121	0.107	0.114	0.111
黑龙江	0.154	0.142	0.113	0.127	0.123	0.144
上海	0.369	0.356	0.361	0.370	0.402	0.409

续表

省份	2017年	2018年	2019年	2020年	2021年	2022年
江苏	0.596	0.521	0.517	0.506	0.505	0.543
浙江	0.534	0.487	0.495	0.491	0.492	0.512
安徽	0.214	0.203	0.190	0.200	0.207	0.231
福建	0.250	0.233	0.225	0.222	0.226	0.243
江西	0.133	0.129	0.129	0.136	0.141	0.161
山东	0.386	0.344	0.328	0.336	0.357	0.400
河南	0.250	0.246	0.233	0.239	0.249	0.271
湖北	0.226	0.210	0.201	0.201	0.211	0.235
湖南	0.190	0.177	0.167	0.181	0.180	0.209
广东	0.817	0.839	0.822	0.801	0.782	0.804
广西	0.146	0.157	0.142	0.143	0.140	0.162
海南	0.112	0.112	0.095	0.105	0.107	0.109
重庆	0.152	0.145	0.140	0.137	0.139	0.154
四川	0.312	0.317	0.315	0.324	0.328	0.324

根据测度结果可知，我国各个省域数字经济的发展水平随时间变化呈现震荡波动，但波动幅度较小，保持着相对稳定的状态。公共卫生安全事件对我国经济造成了较为严重的冲击，但数字经济发展水平在逆势中却依旧保持稳定甚至呈现上升趋势，部分省份数字经济发展水平相较于2019年呈现明显上升。因此，数字经济有着强大的韧性，其在面对外部冲击时能够有效抵御并维持自身的稳定和发展。

三、中介变量和控制变量测度

产业结构优化参考张欣艳等的研究，利用泰尔指数衡量。创新能力利用技术市场成交额衡量，数据来源于国家统计局。人力资源利用第三产业从业人员数量衡量，数据可从《中国统计年鉴》获得。对外开放性采用外贸依存度进行衡量，外贸依存度=进出口总额/GDP。政府支持采用地方财政科学技术支出衡量，相关数据均可从国家统计局获取。市场化程度利用市场化指数衡量，数据可从《中国分省份市场化指数报告》中获取。

四、描述性统计

本研究主要变量的描述性统计见表5.3。

表5.3　主要变量描述性统计

变量类别	变量名称	观测数	均值	标准差	最小值	最大值
被解释变量	旅游经济韧性	180	0.355	0.116	0.104	0.694
核心解释变量	数字经济发展水平	180	0.227	0.168	0.045	0.839
中介变量	产业结构优化	180	0.122	0.078	0.008	0.312
	创新能力	180	893.390	1324.930	3.920	7947.501
	人力资源	180	1153.302	746.671	129.000	3754.000
控制变量	对外开放性	180	0.239	0.223	0.007	0.989
	政府支持	180	192.412	217.849	9.450	1168.709
	市场化程度	180	8.680	1.801	4.747	12.864

第四节　实证结果与分析

一、数据平稳性检验

为了保持数据的平稳性并消除异方差，对所有变量进行自然对数处理。检验各个变量之间的多重共线性是进行多元回归分析的前提。运用VIF值检测法发现，解释变量的VIF值均小于10，判断各个变量之间不存在多重共线性。为了防止"伪回归"的产生，面板数据回归之前还需要进行数据平稳性单位根检验，以判断每个变量的平稳性。本研究利用ADF检验来检验数据的平稳性，原假设均为面板数据存在单位根。结果显示，各变量经过ADF检验所得出的p值均小于0.01，表明各变量的平稳性检验拒绝了面板数据存在单位根的原假设，各变量均为平稳性序列，可以直接对其建模进行回归分析。

二、基准回归分析

为验证数字经济对提升旅游经济韧性的直接影响，本研究采用时间固定效应模型进行回归分析。表5.4为模型回归结果。其中，模型1仅考虑核心解释变量数字经济与旅游经济韧性之间的关系，不添加控制变量；模型2为添加控制变量后的实证结果。模型1中，数字经济的估计系数为正且在1%水平上显著，表明数字经济在总体层面上能够显著增强旅游经济韧性。模型2中，数字经济对旅游经济韧性的影响在1%水平上显著，且随着数字经济发展水平每提高1个单位，能够直接提高旅游经济韧性0.654个单位。对外开放性、政府支持的估计系数均在1%水平上显著，市场化程度并不显著。总体而言，在加入控制变量后，数字经济对旅游经济韧性仍有显著的正向影响，证明H1是成立的。

表5.4　准回归结果

变量	模型1	模型2
	旅游经济韧性（TER）	旅游经济韧性（TER）
数字经济（DE）	1.626*** (18.69)	0.654*** (5.22)
对外开放性（Z1）		−0.050*** (−3.11)
政府支持（Z2）		0.190*** (7.46)
市场化程度（Z3）		0.080 (0.71)
常数项	−1.459*** (−59.53)	−2.354*** (−11.33)
样本量	180	180
R-squared	0.667	0.789

注：面板数据使用stata17.0进行估计，*、**、***分别表示在10%、5%和1%的水平下显著，（ ）内为t值。

数字经济能够正向影响旅游经济韧性可能是由两方面的原因造成的。一方面，数字经济发达的省域拥有着发达的数字技术。首先，数字技术作为一种信息通用型技术要素，是经济增长的重要引擎，对于旅游经济的增长也不例外。数字技术通过优化旅游平台建设等手段打破了信息壁垒，提高旅游产品精准营销的能力，有效增强旅游供需精准对接，避免资源错配和浪费，从而促进旅游发展。其次，数字技术催生新型旅游消费业态和新型旅游产品，促进旅游产业创新。例如，以数字化、智能化、网络化为特征的智慧旅游，基于AR、VR等技术的数字化虚拟旅游项目。这些新型旅游产品扩展了传统旅游的边界，在保持旅游传统优势的同时又拓展了新的旅游消费增长点，为旅游产业的发展提供了更多空间。最后，数字技术有效提升旅游服务质量。数字技术使游客体验视角的旅游数字化体验不断优化，如线上预约、虚拟排队、旅游线路个性化定制、智能导游等，从而提高旅游满意度和旅游意愿，有利于旅游业的可持续发展。数字技术从供需对接、产品、服务等多方面促进了旅游业发展。根据"旅游导向经济增长假设（TLGH）"，旅游发展促进经济增长，既包括地方经济增长，也包括旅游经济增长，而地方经济水平和旅游经济水平是旅游经济韧性抵御能力的重要来源，表明以数字技术为坚实基础的数字经济有利于提升旅游经济韧性。

另一方面，数字经济有利于提升旅游业全要素生产率。已有研究证明，数字基础设施、数字产业发展等数字经济分维度指标对旅游业全要素生产率具有正向促进作用。旅游作为一种空间活动，数字基础设施的完善使旅游空间得到数字化改造和智能化升级，有效推动旅游产业数字化转型，促进旅游产业高质量发展。数字产业发展加快了产业融合，使大数据、云计算、移动通信和智能终端等技术加速应用于旅游业，推动了旅游要素资源的优化配置和旅游技术进步，促进旅游产业转型升级。

三、中介效应分析

前述研究已经证明数字经济对旅游经济韧性存在显著的正向影响，中介效应分析的前提成立，进而检验数字经济是否通过促进产业结构优化、提升创新能力和提升人力资源来间接影响旅游经济韧性，其结果如表5.5所示。

（一）产业结构优化作用路径

由表5.5列（1）可知，数字经济对产业结构优化的影响在5%水平上显著，即数字经济发展对产业结构优化有显著的正向推动作用。由列（2）可知，产业结构优化对旅游经济韧性的影响在1%水平上正向显著。对比数字经济对旅游经济韧性的直接回归系数，即对比表5.4中模型2的回归系数，当产业结构优化作为中介变量时，数字经济对旅游经济韧性的影响系数有所下降，表明产业结构优化是数字经济发展促进旅游经济韧性提升的有效中介变量。因此，H2得到证实。

数字产业化和产业数字化是数字经济的两种态势，数字经济推动产业结构升级亦是从这两个方面出发的。一是在数字产业化方面，以信息通信产业为主的数字产业逐渐在国民经济中占据重要地位，有力推进了第三产业产业占比的提升。而且数字产业通过其溢出效应、扩散效应以及与其他产业的联动效应推动产业结构优化。二是在产业数字化方面，产业数字化推动了劳动密集型等传统产业改造升级和效率提升，推动传统制造业向高新技术产业转型。而产业结构优化带动了旅游产业在技术、管理、服务等方面的进步，有效提升了产业效率。同时产业结构优化是应对危机、抵御风险的有效策略。因此，产业结构优化有助于提升旅游经济韧性。

（二）创新能力作用路径

由表5.5列（3）可知，数字经济对创新能力的影响在10%水平上显著，即数字经济对创新能力有显著的正向推动作用。由列（4）可知，创新能力对旅游经济韧性的影响在10%水平上正向显著。当创新能力作为中介变量时，数字经济对旅游经济韧性的影响系数有所下降，表明创新能力是数字经济促进旅游经济韧性提升的有效中介变量。因此，H3得到证实。

随着数字经济时代的到来，信息壁垒被打破，获取外部优质资源更加便捷，创新活动更加开放，以往封闭式的创新向开放式创新转变。而开放式创新带来的是创新成果的增加和创新风险的降低，使整体创新能力在数字经济时代的驱动下有所提升。已有研究证明数字经济的发展能够显著增强区域创新能力。此外，数字经济相关数字技术在旅游业的应用促进了旅游技术的进步，而技术进步与创新是相辅相成的关系，表明旅游技术进步的同时旅游创新能力也在不断提升。区域创新能力的提升为区域经济的发展提供了强有力的引擎，有利于地方经济稳定增长。旅游创新能力是旅游业可持续发展的动力源泉。旅游产业通过创新可以发展新业态、开发新产品、打造新商业模式，这有助于增强旅游业的环境适应力、提高旅游业的开放性以及增强国际竞争力，从而提升旅游经济韧性。

（三）人力资源作用路径

由表5.5列（5）可知，数字经济对人力资源的影响在1%水平上显著，即数字经济对人力资源有显著的正向推动作用。由列（6）可知，人力资源对旅游经济韧性的影响在1%水平上正向显著。当人力资源作为中介变量时，数字经济对旅游经济韧性的影响系数有所下降，表明人力资源是数字经济促进旅游经济韧性提升的有效中介变量。因此，H4成立。

表5.5　中介效应检验回归结果

变量	（1）产业结构优化（$M1$）	（2）旅游经济韧性（TER）	（3）创新能力（$M2$）	（4）旅游经济韧性（TER）	（5）人力资源（$M3$）	（6）旅游经济韧性（TER）
数字经济（DE）	1.238** (2.49)	0.361*** (9.65)	1.299* (1.70)	0.624*** (4.98)	0.643*** (5.48)	0.611*** (5.81)
产业结构优化（$M1$）		0.489*** (2.98)				
创新能力（$M2$）				0.023* (1.82)		
人力资源（$M3$）						0.190*** (8.52)
常数项	−1.772** (−2.14)	−1.273*** (−5.64)	−7.834*** (−6.16)	−2.176*** (−9.53)	−0.7790* (−1.72)	−3.142*** (−6.58)
控制变量	YES	YES	YES	YES	YES	YES

续表

变量	(1) 产业结构优化 (M1)	(2) 旅游经济韧性 (TER)	(3) 创新能力 (M2)	(4) 旅游经济韧性 (TER)	(5) 人力资源 (M3)	(6) 旅游经济韧性 (TER)
个体固定	YES	YES	YES	YES	YES	YES
时间固定	YES	YES	YES	YES	YES	YES
样本量	180	180	180	180	180	180
R-squared	0.472	0.852	0.714	0.790	0.702	0.853

注：*、**、***分别表示在10%、5%和1%的水平下显著，（ ）内为t值。

数字经济的发展使知识类资源获取更便捷，提高了整体教育水平，从而使人均受教育年限得以提升，劳动力素质提高。劳动力素质的提高使劳动力的劳动生产效率提高，从而引起各部门产出和地方经济水平的提升。此外，数字产业化的发展开拓了新的就业空间，使更多人获得了就业岗位，尤其是服务业就业岗位，让更多人在旅游行业中就业，提升了旅游业的人力资源水平。就业水平的提升有助于人们生活水平的提升，按照马斯洛需求层次理论，生活水平的提升使旅游需求增加，从而提升旅游收入。因此，数字经济从质量和数量两个方面提升了人力资源，导致旅游人力资源和旅游经济水平的提升，进而提升旅游经济韧性。

四、稳健性检验

（一）替换解释变量

本研究参照崔耕瑞等学者的方法，以北京大学数字金融指数（DIF）直接表示数字经济发展水平，再次就数字经济对旅游经济韧性的影响进行回归。由表5.6可知，加入控制变量后，数字经济对旅游经济韧性的影响在5%水平下显著为正，与基准回归结论一致，即通过了稳健性检验。

表5.6　替换解释变量的稳健性检验回归结果

变量	(1) 旅游经济韧性 (TER)	(2) 旅游经济韧性 (TER)
数字经济（DIF）	0.007*** (11.63)	0.002** (2.25)
对外开放性（Z1）		−0.390*** (−3.47)
政府支持（Z2）		0.001*** (7.57)
市场化程度（Z3）		0.079*** (5.35)
常数项	−3.435** (−16.96)	−2.515*** (−10.03)
样本量	180	180
R-squared	0.439	0.556

注：*、**、*** 分别表示在10%、5%和1%的水平下显著，（ ）内为 t 值。

（二）内生性检验

一方面，旅游经济韧性受多方面因素影响，本研究的控制变量可能存在遗漏；另一方面，旅游经济韧性提升受数字经济发展的促进，但同时旅游经济韧性也可能对数字经济产生反向影响。因此，两者之间可能存在内生性问题。为了消除模型间可能存在的这种内生性问题，本研究通过运用工具变量法再次进行分析以验证模型的稳健性。

本研究参考赵涛、黄群慧等的研究，选取2000年各省份的邮电数据构建数字经济发展的工具变量。本研究选取的是面板数据，因此，参考Nunn等的研究加入上一年互联网宽带用户数并与2000年邮电业务总量数据构建交互项作为当年数字经济的工具变量。在考虑变量的内生性后，数字经济对旅游经济韧性提升的影响仍然在1%的水平下显著为正（表5.7）。同时，Kleibergen-Paap rk LM统计量 p 值为0.000，拒绝了"工具变量识别不足"的原假设；Kleibergen-Paap rk Wald F统计量远大于Stock-Yogo弱识别检验10%水平下的临界值，通过了工具变量弱识别检验。以上证明，工具变量选取是合理的。

表5.7　内生性检验结果

变量	工具变量法	
	（1）	（2）
数字经济（DE）	0.537^{***} （25.61）	0.783^{***} （6.60）
控制变量	No	Yes
Kleibergen-Paap rk LM统计量	124.388 [0.0000]	29.691 [0.0000]
Kleibergen-Paap rk Wald F统计量	433.747{16.38}	34.977{16.38}
样本量	180	180
时期数	6	6
R-squared	0.809	0.746

注：*、**、*** 分别表示在10%、5%和1%的水平下显著，（）内数值为 z 值，下同，[ ]内数值为 p 值，{ }内数值为Stock-Yogo弱识别检验10%水平下的临界值。

五、空间溢出效应分析

（一）空间自相关检验

在进行空间溢出效应分析之前，采用莫兰指数法计算空间经济距离矩阵数字经济与旅游经济韧性的空间效应。结果显示（表5.8），数字经济的Moran'I指数值在多数年份显著为正且在观测期内呈现波动上升趋势，旅游经济韧性的Moran'I指数值显著为正且在观测期内呈现明显的上升趋势。以上结果表明2017—2022年，数字经济与旅游经济韧性在省域层面上均存在空间集聚现象，二者的集聚特征均有所增强。总体而言，二者均存在空间集聚现象，进而导致可以进一步采用空间计量模型考察数字经济对旅游经济韧性的空间溢出效应。

表5.8　2017—2022年数字经济与旅游经济韧性的空间效应

年份	数字经济（DE）		旅游经济韧性（TER）	
	Moran'I指数	z 值	Moran'I指数	z 值
2017	0.157	2.014^{**}	0.128	1.727^{**}
2018	0.113	1.561^{*}	0.140	1.863^{**}
2019	0.145	1.886^{**}	0.122	1.654^{**}

续表

年份	数字经济（DE）		旅游经济韧性（TER）	
	Moran'I指数	z值	Moran'I指数	z值
2020	0.182	2.279**	0.134	1.766**
2021	0.194	2.391***	0.183	2.267**
2022	0.190	2.355***	0.200	2.447***

注：*、**、*** 分别表示在10%、5%和1%的水平下显著，（ ）内为 t 值。

（二）空间溢出效应分析

参考姜磊有关空间回归模型选择的分析，进行LM检验发现只有LM-lag显著，并进行固定效应选择检验，最终确定采用个体固定的空间滞后模型（SAR）。空间溢出效应的分解结果见表5.9，表中（4）（5）（6）三列分别代表直接效应、间接效应和总效应，分别表示数字经济对本省份、邻近省份和所有省份的旅游经济韧性造成的平均影响。根据分解结果可知，数字经济对于旅游经济韧性的直接效应和总效应的估计系数在1%水平上显著为正，表明数字经济对于本省份的旅游经济韧性具有促进作用，且数字经济发展水平越高，中国省域整体的旅游经济韧性越强，这与基准回归的结果相同。

表5.9 空间溢出效应分解结果

变量	（1）Main	（2）Spatial	（3）Variance	（4）Direct	（5）Indirect	（6）Total
数字经济	1.135*** (2.94)			1.156*** (2.93)	−0.259* (−1.65)	0.897*** (2.86)
对外开放性（Z1）	−0.066** (−2.25)			−0.071*** (−2.78)	0.015* (1.69)	−0.055*** (−2.66)
政府支持（Z2）	0.052** (1.98)			0.055* (1.94)	−0.012 (−1.47)	0.043* (1.86)
市场化程度（Z3）	−0.187** (−1.98)			−0.186* (−1.73)	0.043 (1.24)	−0.143* (−1.71)
rho		−0.259** (−2.07)				

续表

变量	（1）	（2）	（3）	（4）	（5）	（6）
	Main	Spatial	Variance	Direct	Indirect	Total
sigma2_e			0.005*** (9.44)			
样本量	180	180	180	180	180	180
R-squared	0.578	0.578	0.578	0.578	0.578	0.578

注：*、**、***分别表示在10%、5%和1%的水平下显著，（）内为t值。

数字经济对旅游经济韧性间接效应的估计系数在10%水平上显著为负，表明数字经济对旅游经济韧性存在负向的空间溢出效应，证明H5成立。数字经济对于旅游经济韧性的负向空间溢出效应可能是由以下原因造成：一是数字经济发展的虹吸效应所导致的负向空间溢出效应。数字经济的发展使时空限制被打破，省份间互动得到加强的同时虹吸效应也不断加剧，而虹吸效应的存在使资金、信息、技术等要素从旅游经济韧性弱的省份流动到旅游经济韧性强的邻近省份，从而使省份间经济韧性差距不断扩大。二是省份间不良经济竞争导致的负向空间溢出效应。政府间财政竞争、经济建设支出竞争、人力资源竞争等多方面的过度竞争导致资源错配、资源分配不均衡等现象，省份间发展不平衡现象日益突出，使得空间溢出效应为负。

第五节　本章小结

本章在系统阐释数字经济对旅游经济韧性的直接影响、数字经济通过产业结构优化、创新能力、人力资源影响旅游经济韧性的传导机制以及其空间溢出效应后，通过构建面板固定效应模型、中介机制模型、空间溢出效应模型对2017—2022年中国（除西藏及港澳台之外）30个省（区、市）的面板数据进行了实证研究。研究结论包括以下三个方面。

一是数字经济对旅游经济韧性的提升存在显著的直接正向影响，经历稳健性检验后该结论依旧成立，可见数字经济是提升旅游经济韧性的重要抓手。

二是产业结构优化、创新能力、人力资源均是数字经济提升旅游经济韧性的有效中介机制。

三是数字经济对旅游经济韧性存在负向空间溢出效应，这可能是由数字鸿沟、不良竞争等多种原因造成的。

第六章　数字经济下旅游产业资源共享的测度与分析[1]

"共享"理念的提出和数字经济的发展壮大，共同驱动旅游产业资源配置方式向资源共享转型。本章在系统分析资源共享概念的基础上，结合数字经济背景，从综合性的角度界定旅游产业资源共享的概念。基于MICK资源分类理论和数字经济理论的双重启发，从知识资源共享、物质资源共享、信息资源共享和资金资源共享四个维度，构建旅游产业资源共享的概念模型和评价指标体系。搜集2017—2022年31个省（区、市）的面板数据，利用熵权法计算指标权重及各省（区、市）旅游产业资源共享得分，进而分析我国旅游产业资源共享的现状特征。

第一节　数字经济下旅游产业资源共享的概念内涵

"共享"指一件物品或信息的使用权或知情权同其他所有人共同拥有。国外对资源共享的关注较早，Bétourné等学者于1970年提出"资源共享"，此后，"资源共享"在计算机领域被广泛使用。1979年美国图书馆学家Kent首次对资源共享进行概念界定，其从资源共享成员关系角度界定"资源共享"是一种

---

1 CHEN X J, LING X P. A conceptual model study of tourism resource sharing in the digital Economy[J]. Sustainability：2023, 15（12）:9752.

互惠的同伴关系，即每个成员都拥有一些可供其他成员使用的事物，且每个成员都愿意同其他成员分享该事物的同伴关系。Marshall从经济学视角提出资源共享是集聚外部性的体现，强调以利益为中心对有价值的资源重新进行配置的群体性行为。我国学者对资源共享的研究始于1985年对计算机物联网的研究。随着习近平总书记提出将"共享"发展理念作为各项事业的出发点和落脚点，为旅游产业发展指明了创新路径方向。产业合作成为资源共享的全新方向，协同创新资源共享应运而生，其指的是在政府引导和机制安排的作用下，充分调动各参与主体的积极性，推动不同领域和行业深度合作，进而实现资源的整合、集成、开放和共享。随着数字产业的迅猛发展，资源共享的方式及内容被新技术所颠覆。资源共享在数字经济时代强调依靠互联网，打破资源孤岛现象，实现信息资源协调、互通、传播与分享，提高资源利用效率（表6.1）。

表6.1　国内外学者关于资源共享的概念界定

作者（年份）	研究视角	概念界定
Kent（1979）	共享成员	一种互惠的同伴关系，也即每个成员都拥有一些可供其他成员使用的事物，且每个成员都愿意同其他成员分享该事物的同伴关系
戚湧等（2013）	经济学	政府引导和机制安排作用下，充分调动各参与主体积极性，推动不同领域和行业深度合作，进而实现资源的整合、集成、开放和共享
Marshall（2018）	产业合作	作为一种社会现象，强调是以利益为中心对有价值的资源重新进行配置的群体性行为
李若池（2021）	数字经济	依靠互联网，打破资源孤岛现象，实现信息资源协调、互通、传播与分享，提高资源利用效率

资源共享的概念最初是从图书馆资源网络构建中发展而来的，已有研究成果也大多集中于研究图书情报资源共享、档案信息资源共享等。旅游产业是典型的服务业，其在行业特点与属性、生产与经营方式、投入与产出等方面与公益类别的图书馆存在很大差异。数字经济下云技术、物联网、大数据、人工智能等信息技术手段对旅游产业发展提出新的发展方向。本研究将数字经济下旅游产业资源共享界定为：在政府引导下，依靠大数据等现代信息技

术手段，以使用权分享为主要特征，实现资源在旅游产业各成员间的整合、开放、共享的一种经济行为。

数字经济下旅游产业资源共享的内涵主要包含四点内容：①经济性，资源共享是以利益为中心的经济行为。外部经济性及产业价值链延伸拓展是旅游产业资源共享的外在动因，依托旅游产业资源共享可降低旅游产业成本、形成产业竞争优势进而追求更大价值空间。②共享性，强调各参与主体的合作共享。基于利益共享的纽带关系，各利益主体分享和交换、配置和使用、吸收和创建物资、信息、资金、知识等资源，实现个体和组织利益的双赢。③技术性，资源共享强调以技术为支撑。数字经济下旅游产业资源共享需要依托新一轮技术手段，创新和优化旅游资源配置方式，实现旅游产业效率的提升。④主导性，我国的国情决定了资源共享需要政府政策引导。政府主导、市场协作的宏观治理机制有利于旅游产业资源合理配置，进而促进旅游产业高质量发展。

第二节　数字经济下旅游产业资源共享的概念模型

一、数字经济下旅游产业旅游资源的分类体系

厘清资源共享的构成维度，首先需要厘清资源的分类体系。传统资源理论采取多种分类方法，表6.2列举了资源分类的不同观点。

表6.2　资源分类观点

学者	划分依据	分类观点
Amit&Schoemaker（1993）	资源特点	生产性资源、工具性资源
Grant（1991）；Wilson（2002）	资源性质	财务资源、物化资源、技术资源、商誉资源、人力资源和组织资源
Galbreath（2005）；Hall（1992）	资源形态	有形资源、无形资源
赵道致、孙建勇（2007）	资源功能	MICK资源：物质资源、信息资源、资金资源、知识资源

　　国内外学者从资源的形态、性质、功能、特点等多个角度对资源进行分类，为旅游产业资源分类提供了参考。但随着经济发展及时代变化，传统资源分类已不符合现代社会对资源分类的要求。按照资源形态分类，旅游产业既包括观赏性景观、院校等有形资源，又包括知识、文化等无形资源。院校、知识、文化资源按照资源功能又统一归属为知识资源，存在分类交叉。资源整合活动要求旅游产业资源分类不仅要抽象出不同资源的功能特点，还要求覆盖所有旅游产业资源类型。学者赵道致等基于资源功能提出MICK资源分类，整合了资源和能力的概念，强调了资源的功能性。旅游产业资源类型和分类标准众多，但每一类型都对应其相应的功能，因此借鉴MICK资源四分法构建旅游产业资源分类体系，严格按照内涵优于目的和形式的分类原则，将旅游产业资源分为旅游产业物质资源、信息资源、资金资源、知识资源。

二、数字经济下旅游产业资源共享的构成维度

　　数字经济下资源共享是一个复杂的多维度抽象变量。学术界从不同理论视角和划分标准对资源共享构成维度进行划分，关于资源共享的构成维度，学术界尚未达成统一的认识。早期国内外学者虽然没有提出旅游产业资源共享概念，但其研究内容已涉及旅游吸引物资源、基础设施、信息资源、知识资源、平台共享和共享经济等。为打破行政壁垒和距离限制，学者最早探讨了共享旅游吸引物资源和人才资源，通过统一规划景区及构建人才资源共享平台实现资源共享；为应对市场环境变化以形成竞争优势，学者提出需要在企业组织间共享知识资源；为应对大数据时代对旅游业的冲击，一些学者提出加强行业整合，实现各方的信息资源共享。基于企业创新视角，资源依赖度理论认为资源共享包括有形资源及无形资源共享；企业间信息共享能力分为信息共享延展度、广度和强度；开放式创新背景下共享频率、资源输出和输入均属于资源共享范畴。从产业角度出发，除物质资源、信息资源、知识资源及产业特有资源外，资金资源也属于产业资源共享的范畴。从社会学视角出发，马克思主义"共享"理论认为资源共享包括自然资源、物质性产品和非物质性产品共享三个维度；利益共享、服务共享和机会共享是实现共享

发展的三个关键维度。

综上，结合旅游产业特性及资源分类标准，系统构建数字经济下旅游产业资源共享的概念模型（图6.1）。数字经济下旅游产业资源共享是一个多维变量，包含物质资源共享、信息资源共享、资金资源共享、知识资源共享四个维度。

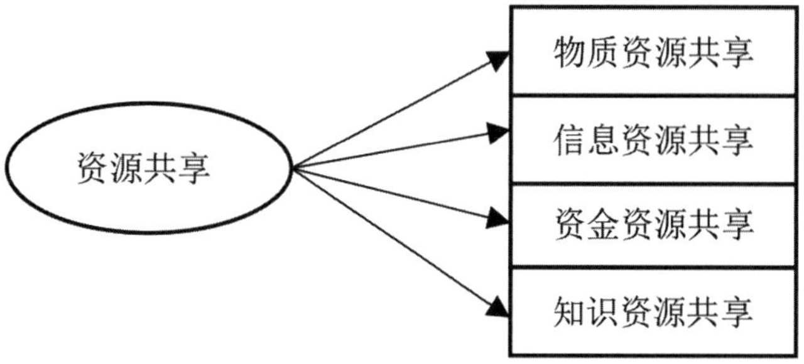

图6.1　资源共享的概念模型

在旅游产业资源中，物质资源最基础，它是旅游产业创新发展的物质保障。大多数的物质资源具有排他性，不具备公共产品特性，而旅游业具有异地性、综合性、带动性等特点，因此许多有形的物质资源也具有共享性。物质资源共享是指旅游业享有的以物质形态存在的旅游资源，用以实现旅游业的运转及发展。物质资源主要分为公共基础设施资源和产业间的资源。随着数字经济发展进程不断加快，数字鸿沟导致各旅游相关主体掌握的信息资源的不对称性严重阻碍了旅游产业的健康发展。信息资源共享的实质是通过协调信息资源在旅游者、旅游企业等主体间的分布，满足各使用主体的信息需求，发挥信息资源的最大效用。旅游产业数字化转型是构建新时代旅游产业竞争力的关键。党的十八届五中全会提出"共享"发展理念以来，共享理念逐渐渗透至经济生活方方面面，资金资源共享极大提高了生产效率。资金资源共享是指拥有闲置资金资源的个体、企业或政府将其资金使用权暂时转移至资金需求方，实现资金要素在产业内流通，促进旅游产业持续发展。作为重要的国家战略资源，知识资源为产业生产活动提供了基础支撑，并被赋予"第一资源"的地位。新时期拓展知识资源共享内容、创新知识资源共享模式，满足产业对知识资源的迫切需求成为我国知识资源管理和研究的重要内容。知识资源共享本质是知识资源的优化配置即在某种环境下对一定范围内的知识资源进行重新组合和配置，以实现知识资源更大的社会价值和经济价值。

第三节　评价指标体系构建

构建科学合理的旅游产业资源共享评价指标体系是判断旅游产业资源共享对产业创新影响机制的重要基础。基于上述概念模型，在科学性、全面性、典型性、可得性原则指导下，将评价指标体系分为目标层、准则层和指标层（表6.3）。

表6.3　旅游产业资源共享评价指标体系

目标层	准则层	指标层	文献支持
物质资源共享	公共基础设施	M1:公路密度	南岚，2009；王兆峰，2020；李莉等，2021
		M2:每千人口医疗卫生机构床位数	
		M3:森林覆盖率	
		M4:艺术表演团体机构数	
	产业特有资源	M5:A级景区数	
		M6:星级酒店数	
		M7:旅行社数	
信息资源共享	数字基础设施	I1:单位面积长途光缆路线长度	吴翌琳，2019；冀雁龙，2022；梁慧超等，2022
		I2:每万人拥有互联网宽带接入端口数	
		I3:每万人拥有移动电话基站个数	
	数字应用水平	I4:互联网普及率	
		I5:每万人电信业务总量	

续表

目标层	准则层	指标层	文献支持
信息资源共享	数字应用水平	I6:每百家企业拥有网站数	吴翌琳，2019；冀雁龙，2022；梁慧超等，2022
		I7:每万人拥有网页数	
资金资源共享	政府资金	F1:人均文化旅游事业费支出	黄梅，2016；花菲菲，2016
	产业资金	F2:星级饭店固定资产	
	第三产业发展水平	F3:第三产业增值占GDP比重	
知识资源共享	知识投入	K1:R&D人员全时当量	孙凯，2005；蔡瑞林等，2012；陈万明等，2019；岳素芳，2020
		K2:R&D机构数量	
	知识产出	K3:专利授权数	

注：公路密度=平均每百平方千米拥有的公路=公路里程（千米）/土地面积（万平方千米）×100；人均互联网宽带接入端口数=互联网宽带接入端口数（万户）/常住人口总数（万人）；每万人移动电话基站个数=移动电话基站个数（万个）×10000/常住人口数（万人）；每万人电信业务量=电信业务总量（亿元）/地区常住人口数（万人）；互联网普及率=互联网宽带接入用户（万户）/常住人口（万人）；第三产业收入占GDP比值=第三产业增值（亿元）/地区生产总值（亿元）

一、物质资源共享指标体系构建

旅游产业物质资源是指旅游产业为旅游者提供产品或服务而持有的物质形态资源，主要分为公共基础设施资源和旅游产业特有资源。公共基础设施资源是指旅游产业为旅游者提供服务所依赖的公共基础设施，如交通、医疗和娱乐等基础设施；旅游产业特有资源指的是以物质形态存在的资源如景区、旅行社等。主要参考南岚、王兆峰等的观点，旅游产业物质资源共享选取公路密度、每千人拥有的卫生床位数、森林覆盖率、艺术表演团体机构数、A级景区数等共7个指标。其中，公路密度是旅游产业公共交通基础设施的重要测量指标，每万人拥有的卫生床位数衡量旅游目的地的医疗基础设施情况，森林覆盖率反映目的地地区环境质量情况；艺术表演团体机构数侧面反映出旅游目的地的接待能力；A级景区数、星级饭店数、旅行社数作为产业物质资源评价指标，直接体现了旅游产业接待能力。

二、信息资源共享指标体系构建

信息资源共享是一个涉及多主体、多维度、多要素的复杂能力系统，直接反映目的地资源共享的能力，侧面反映目的地数字基础设施水平。参照相关文献选取数字基础设施、数字应用水平作为信息资源共享的基本测度指标。其中，单位面积长途光缆路线长度、互联网宽带接入端口数、移动电话基站数作为信息资源基础设施的测量指标；每万人拥有网页数及每百家企业拥有网站数分别代表着个人层面及产业层面的数字技术应用水平，互联网普及率和电信业务总量侧面反映目的地旅游产业的数字化供给规模和水平。

三、资金资源共享指标体系构建

旅游产业发展资金来源主要分为三个方面：一是政府为支持旅游产业发展而设立的文化和旅游事业费，使用人均文化旅游事业费衡量；二是旅游产业资金资本，本研究综合黄梅等多个学者的做法，选取星级饭店固定资产衡量产业资金；三是城市经济因素，学者提出从旅游业中获益最多、发展迅猛的是有着庞大多样经济基础的城市，反映出城市经济对旅游产业资金的影响。借鉴花菲菲等学者的研究方法，将其量化为第三产业收入占GDP比值。

四、知识资源共享指标体系构建

知识资源共享强调对产业内部知识的创建、传播、吸收、融合及再利用。知识资源共享的传递流程包括知识提供者创建知识和知识接受者吸收和应用知识两部分。据此，可将知识资源共享划分为知识创建及知识产出两方面。知识创建过程主要考虑人力成本及物力成本，分别用R&D人员全时当量、R&D机构数来衡量；知识产出以知识提供者创建的知识成果来衡量，量化为专利授权数。

第四节　实证分析

一、数据来源与研究方法

本研究旨在研究旅游产业的资源共享水平，考虑到分析数据的可获得性及可靠性，将我国31个省（区、市）旅游业发展水平作为调查对象。论文收集了31个省（区、市）2017—2022年的相关数据，所选数据来源于《中国统计年鉴》《中国文化文物和旅游统计年鉴》《中国第三产业统计年鉴》。

综合评价是指使用系统的、规范的方法对多个指标、多个单位同时进行评价的一种方法。其中熵值法是一种常见的计算综合得分的工具。熵值法计算时仅考虑数据关系，具有客观性，在旅游学定量研究中被广泛使用。熵用于度量体系的无序程度，其数值大小用于判断指标的贡献度，数值越小，携带的信息量越大，对评价的影响就越大，反之携带的信息越少。利用熵值法求出各因子权重，再求出31个省（区、市）的资源共享综合得分，对全国旅游资源共享情况进行评价。计算步骤如下。

二、研究步骤

（一）数据标准化处理

为避免结果偏差，使用熵值法计算指标权重前对数据采取归一化处理，处理方式如下：

$$x'_{aij} = \frac{x_{aij} - \min\left(x_{aij}\right)}{\max\left(x_{aij}\right) - \min\left(x_{aij}\right)} \tag{6.1}$$

式中：x'_{aij}为标准化后的值；x_{aij}为a年i省（区、市）j项指标原始数据；$\max\left(x_{aij}\right)$为j项指标最大值；$\min\left(x_{aij}\right)$为j项指标最小值。

（二）i省（区、市）第j项指标的比重

$$p_{aij} = \frac{x'_{aij}}{\sum\limits_{i=1}^{m} x'_{aij}} \left(0 < p_{ij} < 1 ; i = 1,2\cdots,n ; j = 1,2\cdots,m\right) \tag{6.2}$$

（三）计算第j项指标的信息熵值

$$e_j = -\ln(n)^{-1} \sum_{i=1}^{n} p_{aij} \ln(p_{aij}) \tag{6.3}$$

（四）定义第j项指标的差异程度（信息效用值）

$$d_j = 1 - e_j \tag{6.4}$$

（五）计算第j项指标的权重

$$w_j = \frac{1 - e_j}{\sum\limits_{1}^{m}(1 - e_j)} \left(0 \leq W_j \leq 1\right) \tag{6.5}$$

（六）计算综合得分

$$M_{ai} = \sum_{j=1}^{n} w_j x'_{aij} \tag{6.6}$$

三、研究结果

（一）指标权重

根据以上步骤计算资源共享评价指标体系权重（表6.4）。首先是信息资源共享因子权重最大，表明数字经济背景下，目的地旅游产业的数字化供给规模越大、内容越丰富、水平越高，地区数字化应用水平越高，其旅游产业资源共享水平越高；其次是知识资源共享，表明地区知识创建和吸收越好对地区旅游产业资源共享水平正面影响越大；再次是资金资源共享，地区旅游产业资金规模越庞大、城市经济发展水平越高，旅游产业资源共享水平越高，资金资源共享所占比重越低。最后是物质资源共享，体现在地区公共基础资源和产业物质基础资源上。

表 6.4　指标体系权重及排名

目标层	指标层	权重系数/%	总权重/%	排序
物质资源共享	M1:公路密度	2.28	21.03	4
	M2:每千人口医疗卫生机构床位数	1.98		
	M3:森林覆盖率	2.52		
	M4:艺术表演团体机构数	5.81		
	M5:A级景区数	3.14		
	M6:星级酒店数	2.48		
	M7:旅行社数	2.82		
信息资源共享	I1:单位面积长途光缆路线长度	3.16	29.76	1
	I2:每万人拥有互联网宽带接入端口数	2.37		
	I3:每万人拥有移动电话基站个数	1.37		
	I4:互联网普及率	1.72		
	I5:每万人电信业务总量	5.35		
	I6:每百家企业拥有网站数	14.73		
	I7:每万人拥有网页数	1.06		
资金资源共享	F1:人均文化旅游事业费支出	3.58	21.66	3
	F2:星级饭店固定资产	16.34		
	F3:第三产业增值占GDP比重	1.74		
知识资源共享	K1:R&D人员全时当量	6.80	27.55	2
	K2:R&D机构数量	14.90		
	K3:专利授权数	6.56		

（二）地区资源共享得分

　　根据熵值法计算的资源共享评价指标权重，利用综合得分公式计算31个省（区、市）年度资源共享得分（表6.5和图6.2），再根据年度资源共享总得分计算出全国年度资源共享平均分及标准差（表6.6）。

表6.5　各地区及分地区资源共享平均得分情况

地区	省（区、市）	2017年	2018年	2019年	2020年	2021年	2022年	平均得分	分地区平均得分
东部地区	北京	0.2910	0.3279	0.3677	0.3814	0.3981	0.3473	0.3523	0.2248
	天津	0.0932	0.1136	0.1337	0.1614	0.1483	0.1302	0.1301	
	河北	0.1053	0.1201	0.1480	0.1647	0.1966	0.1727	0.1512	
	辽宁	0.1096	0.1293	0.1457	0.1589	0.1698	0.1358	0.1079	
	上海	0.1882	0.2030	0.2326	0.2460	0.2782	0.2295	0.1380	
	江苏	0.2089	0.2579	0.2869	0.3104	0.4497	0.3569	0.1415	
	浙江	0.2396	0.2973	0.3340	0.3431	0.4107	0.4137	0.1035	
	福建	0.1331	0.1598	0.1824	0.1983	0.2390	0.1904	0.1036	
	广东	0.2226	0.3058	0.3383	0.3679	0.5133	0.4431	0.2296	
	山东	0.1540	0.1979	0.2196	0.2441	0.3457	0.2923	0.3118	
	广西	0.0764	0.1054	0.1300	0.1520	0.1557	0.1333	0.3397	
	海南	0.0933	0.1095	0.1387	0.1497	0.1280	0.1262	0.2030	
中部地区	河南	0.1297	0.1601	0.1811	0.2006	0.2552	0.2097	0.1838	0.1468
	湖北	0.1157	0.1381	0.1560	0.1753	0.2273	0.1899	0.1486	
	湖南	0.1100	0.1317	0.1542	0.1748	0.2144	0.1763	0.2423	
	安徽	0.1367	0.1724	0.1922	0.2085	0.2564	0.2515	0.1894	
	江西	0.0938	0.1208	0.1499	0.1688	0.1876	0.1711	0.1671	
	山西	0.0742	0.0901	0.1084	0.1284	0.1311	0.1156	0.1602	
	吉林	0.0739	0.0935	0.1102	0.1262	0.1164	0.1007	0.3652	
	内蒙古	0.1005	0.1293	0.1457	0.1612	0.1539	0.1375	0.1255	
	黑龙江	0.0777	0.0900	0.1016	0.1204	0.1206	0.1113	0.1242	

续表

地区	省（区、市）	2017年	2018年	2019年	2020年	2021年	2022年	平均得分	分地区平均得分
西部地区	重庆	0.1199	0.1524	0.1775	0.1821	0.1928	0.1645	0.1649	0.1266
	四川	0.1033	0.1417	0.1685	0.1892	0.2361	0.1698	0.1681	
	贵州	0.0827	0.1124	0.1428	0.1585	0.1502	0.1236	0.1284	
	云南	0.0992	0.1176	0.1432	0.1630	0.1605	0.1430	0.1377	
	西藏	0.0705	0.946	0.1303	0.1429	0.1126	0.1332	0.1140	
	陕西	0.1037	0.1286	0.1498	0.1679	0.1781	0.1458	0.1456	
	甘肃	0.0655	0.0911	0.1099	0.1328	0.1166	0.1141	0.1050	
	青海	0.0595	0.0885	0.1256	0.1379	0.0954	0.0967	0.1006	
	宁夏	0.0647	0.0905	0.1163	0.1265	0.0933	0.0988	0.0984	
	新疆	0.0620	0.0811	0.1092	0.1329	0.1222	0.1135	0.1035	

图6.2 2017—2022年资源共享平均得分情况图

表6.6　31个省（区、市）2017—2022年资源共享平均得分情况

年份	2017	2018	2019	2020	2021	2022
平均分	0.1180	0.1468	0.1719	0.1895	0.2114	0.1851
标准差	0.0559	0.0659	0.0694	0.0697	0.1072	0.0917

从各省市近六年平均得分上看（图6.2和表6.6），位于中部地区的广东、北京、浙江、江苏等地整体资源共享水平较高，位于西部地区的宁夏、青海等地整体资源共享水平最低。由此可见，高等院校教育地区综合竞争力越强，地区资源共享水平越高。从时间水平上看，资源共享水平逐年提高，2017—2018年提升幅度最大。全国近六年资源共享水平逐年提升，广东、北京、浙江三地近六年资源共享平均水平居全国前三；宁夏、青海、甘肃三地资源共享水平居全国末位，空间格局相对比较稳定。

（三）分维度资源共享得分

根据综合得分计算公式，利用SPSS分别测算31个省（区、市）信息资源共享、知识资源共享、物质资源共享、资金资源共享的近六年平均得分情况，并进行可视化分析（图6.3和表6.7）。

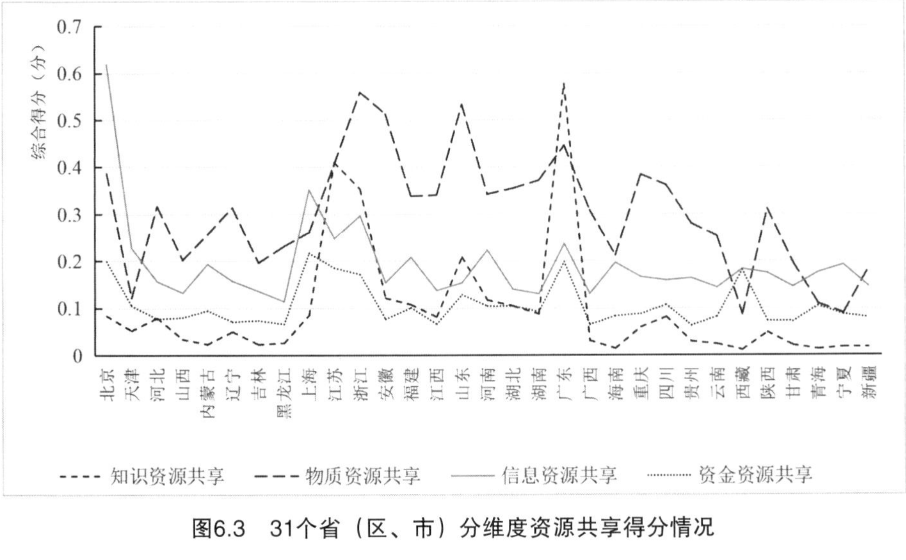

图6.3　31个省（区、市）分维度资源共享得分情况

表 6.7　31个省（区、市）分维度资源共享平均得分情况

维度	信息资源共享	知识资源共享	物质资源共享	资金资源共享
平均分	0.1841	0.1041	0.3072	0.1074
标准差	0.0895	0.1442	0.1269	0.0499

从知识资源共享水平来看，广东、江苏、浙江、山东、安徽、河南、福建、湖北等地的知识资源共享处于领先水平，青海、西藏、海南、宁夏等地知识资源共享水平最低；从物质资源共享水平来看，浙江、山东、安徽、广东等地的物质资源共享达到领先水平，西藏、宁夏、青海、天津等地的物质资源共享水平最低；从资金资源共享水平来看，上海、北京、广东、江苏全国领先，其中上海资金资源共享同北京差距较大，贵州、广西等地资金资源共享水平最低；从信息资源共享水平来看，北京、上海、浙江、江苏等地的共享水平最高，黑龙江、湖南、广西、山西等地的共享水平最低。

第五节　本章小结

本章探讨了数字经济背景下资源共享的概念模型及测量量表，基于31个省（区、市）的相关数据分析了各省（区、市）的资源共享状况。结果显示如下。

第一，旅游产业资源共享包含4个维度。

旅游产业资源共享是一个复杂的多维度抽象变量，理论和实证分析结果均显示旅游产业资源共享包括4个维度，分别是知识资源共享、物质资源共享、资金资源共享及信息资源共享。该结论从产业视角出发，在数字经济背景下基于MICK资源分类理论系统性提出了资源共享的概念模型，填补了旅游产业资源共享概念模型的空缺。

第二，资源共享各维度权重从大到小依次为信息资源共享＞知识资源共享＞资金资源共享＞物质资源共享。

　　对31个省（市、区）近六年的数据进行统计分析，计算结果显示，各因子影响权重排序依次为信息资源共享（29.76）、知识资源共享（27.55）、资金资源共享（21.66）、物质资源共享（21.03）。信息资源共享比重最大，反映出信息资源在促进旅游产业发展中占据重要地位。与孙媛媛等学者提出信息化对我国旅游市场的贡献率较高的结论一致。信息基础设施的健全和完善、信息技术应用水平的深度和广度成为我国旅游产业发展的关键因素。知识资源共享比重较大。数字经济构建了万物互联、瞬息同步的智能世界，提供了丰富的知识资源形式及知识服务平台，提升了知识资源转移与吸收效率和总量；知识作为资源共享的关键要素与核心资源，其转移与吸收量直接影响资源共享程度。资金资源所占比重较低，表明地区经济发展水平在一定程度上可以提高旅游产业资源共享水平。物质资源所占比重最低，物质资源是旅游产业发展的基石，系统整合旅游产业资源可以增添旅游产业发展动力、推动旅游产业提质增效。

　　第三，全国资源共享水平从大到小依次为东部地区＞中部地区＞西部地区。

　　根据31个省（区、市）经济发展水平和资源共享水平发展情况，将资源共享的地区差异划分为东部地区、中部地区和西部地区。东部地区包括北京、天津、河北、辽宁、上海、江苏、浙江、福建、广东、山东、海南、广西12个省市，中部地区包括河南、湖北、湖南、安徽、江西、山西、吉林、内蒙古和黑龙江9个省区，西部地区包括四川、陕西、重庆、云南、贵州、新疆、甘肃、宁夏、青海、西藏10个省区。研究发现，全国旅游产业资源共享水平呈现东部高、西部低、中部居中的态势，这与我国经济发展水平发展趋势一致。

　　第四，近六年全国旅游产业资源共享水平先升后降。

　　对31个省（区、市）近六年的数据分析结果显示，整体上看，全国旅游产业资源共享水平在2017—2022年呈现逐年升高的态势，在2022年稍有下降。主要表现在以下两个方面：其一，31个省（区、市）2017年的资源共享得分最低；其二，除了个别省（区、市），2017—2022年的资源共享得分逐年升高。我国旅游业景区、资金投入、知识吸收、信息普及率稳步增长，这是我国旅游产业资源共享水平逐年提升的重要原因。

第五，各维度资源共享得分从大到小排序为物质资源共享＞信息资源共享＞资金资源共享＞知识资源共享。

对31个省份近六年的数据进行统计分析，结果显示：各省（区、市）各维度得分排序依次为物质资源共享（0.2982）、信息资源共享（0.1926）、资金资源共享（0.1056）、知识资源共享（0.0958）。我国旅游产业发展之初以物质驱动旅游产业创新发展为原则，物质资源作为核心竞争力备受重视，对物质资源的重视程度也优于其他资源。数字经济时代，互联网的深度应用和发展，打破了资源孤岛现象，实现了信息资源协调、互通、传播与分享，促进了信息资源共享程度。资金资源和知识资源的共享程度较低，一方面是因为资金属于地区内部资源，若非合作发展难以共享；另一方面是因为知识共享需要高端人才对知识的吸收、传播和创造，而我国旅游产业高端人才缺乏。

第七章　数字经济下资源共享对旅游产业创新的影响机制[1]

纵观国内外旅游产业的发展历程，旅游产业创新是一个复杂的动态系统，内部产业和外部环境等综合因素共同作用下推动旅游产业创新。数字经济时代共享理念的发展，对传统的旅游产业在产业结构与层次、发展理念与模式、经营理念与方式等方面产生颠覆性影响。外部环境的变化给旅游产业的发展带来严峻挑战和重大机遇，导致旅游产业创新机制发生重大变化。新环境下旅游产业创新的影响机制究竟如何？本章进一步探究资源共享对旅游产业创新的影响因素及机制。固定效应模型可有效防止部分内生性问题，中介机制检验能有效验证中介变量在自变量对因变量作用过程中的中介效应。故本章采用固定效应模型和中介机制检验证实了资源共享对旅游产业创新绩效的正向作用，以及旅游产业市场化、旅游产业创新能力和旅游产业竞争力在资源共享对旅游产业创新影响过程中的中介作用。

第一节　研究假设

资源基础观肯定了资源与能力对组织绩效的作用，其本质上是指资源的差异是造成产业绩效差异的重要原因，同时提出差异性资源是产业竞争力的

---

1 CHEN X J, LING X P .The influence mechanism of resource sharing on tourism industry innovation[J]. Heliyon, 2024,10（4）：E25855.

来源；动态能力理论认为组织、调度、重组资源的弹性能力是提升旅游产业绩效的重要影响因素。结合数字经济和共享理论，基于时代背景和旅游产业发展特点，理论分析资源共享对旅游产业创新的作用机制。

一、资源共享对旅游产业创新绩效的影响分析

资源基础理论强调资源影响创新，资源共享对旅游产业创新的影响被广泛研究，研究证实了资源共享的正向影响作用。陈波运用结构方程模型探究生物医药产业资源共享水平对创新绩效的影响，研究发现产业间资源共享水平越高，越有利于提高产业创新绩效。知识资源共享可以通过降低企业成本和知识最大化对企业创新产生正向影响。在学习、借鉴、整合产业已有发展思路的基础上，知识资源共享有效防止产业知识流失，进而提高产业创新水平。知识共享是知识获取、持续学习的有效途径，学习是维持创新的重要因素，拥有较强学习能力的企业其研发部门将会有更高的绩效。物质资源共享可以降低产业成本，旅游产业通过降低物质投入，将更多的资金、人力等资本投入到其他有价值的、稀缺的不可替代的资源上，如信息资源、知识资源。可实现成果的转化和输出，进而实现产业绩效的增长。旅游经济共享通过增加旅游收入和缩减成本开支促进旅游绩效提升。一方面，能够让每个社会成员在旅游发展中获得资源和利益，营造"人人参与、人人共享"的氛围，促进旅游收入增长；另一方面，共建旅游设施可有效缩减成本。数字经济背景下的信息资源具有体量巨大、多样化、效率高、真实可信和价值密度低五大特点。信息资源是旅游产业深入分析和精准匹配旅游者的先决条件，可以从充分挖掘和利用数据、根据现有资源获取更多有价值的资源两方面促进绩效增长。在信息资源共享条件下，充分利用信息资源，可以提高市场需求预测的准确性；通过信息资源共享平台，同其他产业、旅游需求者间的互联可深入分析客户的需求偏好。基于此，提出如下假设：

H1：资源共享对旅游产业创新具有促进作用。

二、资源共享对旅游产业创新绩效的中介机制

（一）市场化进程中的中介机制分析

中国的市场化进程包括一系列经济、社会体制的改革，包含政府职能转换、非国有制经济转换、经济开放度提升、产品市场培育等内容，其促进了市场资源配置、市场创新和经济增长。市场化进程作为一项复杂系统工程，受到组织、环境、技术等多因素影响。同时，地区互联网资源情况及互联网资源使用情况显著影响市场化水平。因此，数字经济背景下资源共享也显著影响市场化进程。关于市场化程度对旅游产业创新的作用机制研究，大多数研究证实了市场化程度正向影响创新水平。实证研究检验了市场化进程对大中型工业企业技术创新水平和中国高技术产业创新绩效的正向促进作用。市场化程度从优化生产组织形式和保护创新活动两个方面实现对产业创新的促进作用。市场进程的加快促进要素市场发育，深化社会分工和技术分工，重建组织专业化的生产部门以更好地实现知识、技术等交流与共享，为产业创新提供良好产业环境；市场化进程使政治、经济、法律等宏观环境日益完善，为产业创新活动提供保障，推动产业创新发展。基于此，提出如下假设：

H2：资源共享通过提升旅游产业市场化程度促进旅游产业创新。

（二）产业创新能力的中介机制分析

资源基础理论认为企业是资源的集合体，资源的差异是其能力不同的重要原因。产业创新能力是产业创新的关键动因，遵循资源共享、优势互补、协调发展的原则是提升产业创新能力的重要途径。资源的创新投入是产业创新能力的构成维度之一，其反映产业投入资源的数量及配置情况。资源结构、共享创新影响旅游产业创新，产业共享被纳入产业创新能力指标体系，故资源共享是衡量旅游产业创新能力的重要因素。信息资源共享催生新的商业模式，对创新能力具有显著正向影响；知识资源是创新能力的关键驱动因素，知识资源共享将持续影响产业创新；物质资源作为旅游产业创新的测量指标，正向影响旅游产业创新能力；资金资源共享促进旅游产业由规模粗放型转向质量集约型、由资本驱动转向创新驱动，促进旅游产业创新能力升级。

根据资源基础理论，产业所拥有的创新能力对产业创新具有积极影响。企业创新相关文献均表明企业创新是企业创新能力的直接反映。创新能力较高的企业更愿意开发新产品，推出多样化的产品与服务；产品创新与服务升级有助于提高顾客的忠诚度和重复购买率，进而提高产业创新。同时，动态能力理论认为组织有目的地创建、扩展和调整实物、人力和组织资产等基础资源的能力是动态能力，产业创新能力属于动态能力，其是组织获取竞争优势的根本保障，而不是静态资源本身。原因在于随着市场环境的变化，静态资源的优势不再具有价值。但产业使用和开发创新资源的创新能力，可以降低运营成本、解决产业突发问题、寻求新方法、开拓新市场，以此提高产业创新水平。因此，资源共享可提升产业自主使用和开发创新资源的能力（产业创新能力），产业创新能力的提高会促进产业创新的提升。基于此，提出假设：

H3：资源共享通过提升旅游产业创新能力促进旅游产业创新。

（三）产业竞争力的中介机制分析

资源基础理论主张资源异质性是竞争力的基础，投资异质性资源可提升产业差异化竞争能力。产业竞争力对产业创新具有重要作用，旅游产业通过资源共享共建重构异质性资源是新时期提升产业竞争力的强有力手段。实证研究证实了信息资源、知识资源、物质资源、资金资源对旅游产业竞争力具有作用效应。旅游产业异质性资源的差距加剧了竞争力的差异化。具有发达的信息设施、丰富的知识储备、便利的交通条件及良好的经济基础的地区，其产业竞争力明显高于其他地区。数字经济改变旅游发展模式的突出特征之一是优化资源配置，实现资源共享。资源共享为旅游产业提供异质性旅游资源，有助于提升旅游产业竞争力。

产业竞争力是指产业在特定市场环境中获利所必须拥有的技能和资产。研究表明，具有持久竞争能力的企业其创新绩效更加稳定，具有特定竞争力的企业财务绩效高于缺乏特定竞争力的企业。从产业的运行过程来看，旅游产业自身及相关产业创新能力的提升均影响旅游产业创新，旅游产业竞争力的提升正向影响产业创新。资源基础理论认为稀缺性有价值的资源是产业竞争力的根本来源，旅游产业物质资源共享促进旅游产业创新的提升可能是通过旅游产业竞争力的中介实现。基于以上分析，提出假设：

H4：资源共享通过提升旅游产业竞争能力促进旅游产业创新。

资源共享对旅游产业创新的影响机制模型，如图7.1所示。

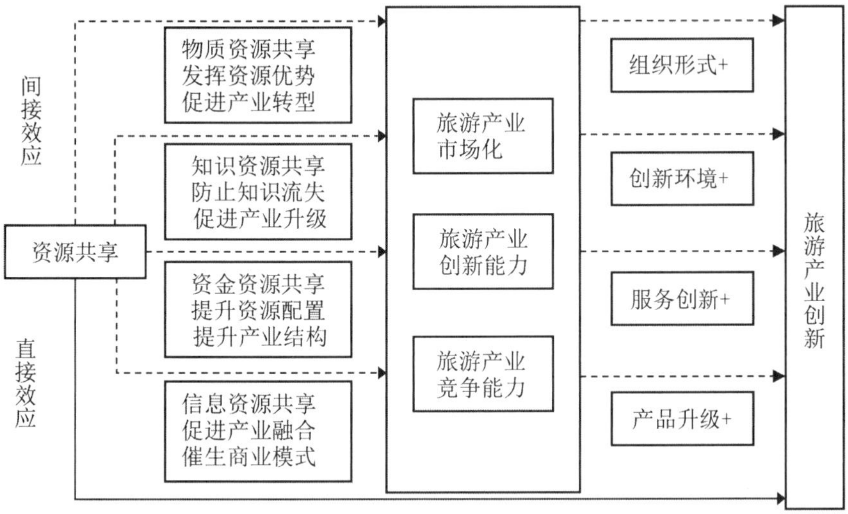

图7.1　资源共享对旅游产业创新的影响机制模型

第二节　研究设计

一、模型设定

（一）基础线性模型

将资源共享引入旅游产业创新机制的分析框架中，运用固定效应模型检验H1，构建如下基准计量模型：

$$\text{IIP}_{it} = \alpha_0 + \alpha_1 \text{RS}_{it} + \alpha_c X_{it} + x_t + \varepsilon_{it} \tag{7.1}$$

式中，i 和 t 为 i 省份第 t 年；IIP_{it} 为旅游产业创新；RS_{it} 为资源共享水平；X_{it} 为控制变量；α_0 为截距项；α_1 为核心解释变量的估计系数，其数值的正负和大小表示的是资源共享对旅游产业创新的影响方向和程度；α_c 为系列控制变量的估计系数；x_t 为时间虚拟变量，反映的是时间效应；ε_{it} 为随机扰动项。

（二）中介效应模型

采用中介效应检验模型，考察资源共享对旅游产业创新的影响机制，模型设定如下：

$$\text{IIP}_{it} = \alpha_0 + \alpha_1 \text{RS}_{it} + \alpha_c X_{it} + x_t + \varepsilon_{it} \tag{7.2}$$

$$\text{med}_{it} = \beta_0 + \beta_1 \text{RS}_{it} + \beta_c X_{it} + x_t + \varepsilon_{it} \tag{7.3}$$

$$\text{IIP}_{it} = \alpha_0 + \alpha_1 \text{RS}_{it} + \alpha_2 \text{med}_{it} + \alpha_c X_{it} + x_t + \varepsilon_{it} \tag{7.4}$$

式中，β_0 为截距项；β_1 为资源共享对中介变量影响的估计系数；β_c 为控制变量对中介变量影响的估计系数；med_{it} 为中介变量，包括旅游产业市场化、旅游产业创新能力和旅游产业竞争力。

（三）分组回归并检验

$$\text{IIP}_{it1} = \alpha_{01} + \alpha_{11} \text{RS}_{it1} + \alpha_{c1} X_{it1} + x_{t1} + \varepsilon_{it1} \tag{7.5}$$

$$\text{IIP}_{it2} = \alpha_{02} + \alpha_{12} \text{RS}_{it2} + \alpha_{c2} X_{it2} + x_{t2} + \varepsilon_{it2} \tag{7.6}$$

按照不同地区对样本进行分组，式（7.5）和式（7.6）分别为分组后样本的回归模型。

二、变量选取

（一）被解释变量

旅游产业创新为被解释变量，其是衡量产业创新系列活动成果及有效性的关键因素，是产业在创新方面所做的努力及取得的成果。现有研究多用新产品产值及新产品销售指标等衡量产业创新。综合考虑数据来源统一性及可靠性，用旅游业R&D经费支出占旅游总收入的比重（II）来衡量，并采用旅游产业增值（IIP）进行稳健性检验。由于疫情影响，2020年旅游产业增值为负数，故借鉴已有做法，运用公式 $y = \ln(x + \sqrt{1 + x^2})$ 对变量进行转换，将其作为旅游产业增值（Ln_IIP）的代表变量。具体公式如下：

$$产业创新 = \frac{\left(\dfrac{旅游总收入}{地区GDP}\right) \times R\&D经费支出}{旅游总收入} \quad (7.7)$$

$$旅游产业增值 = \frac{地区第三产业增值 \times 旅游收入增值}{全国第三产业增值} \quad (7.8)$$

（二）核心解释变量

资源共享（RS）是核心解释变量。资源共享是一个复杂的多维度变量，将第四章使用熵值法计算所得31个省（区、市）资源共享得分作为核心解释变量，并以资源共享得分的对数（Ln_RS）作为资源共享表征指标。

（三）中介变量

产业市场化进程是指市场的发育程度。我国市场化改革的复杂性导致市场化水平测度尚未达成统一的标准。综合多个学者的测量方法，使用市场化指数的对数进行测量，记为Ln_Mar，其衡量的是地区市场发育程度。

产业创新能力是以旅游产业及其相关产业为活动主体，充分整合、利用高质量人才、技术、知识、制度、政策等创新资源，以实现旅游产业可持续发展的综合能力。目前，学界关于产业创新能力的评价指标日趋完善，已有文献主要采用产业创新投入衡量产业创新能力。综合已有学者的研究成果及旅游产业特性，用R&D人员全时当量和人力资本存量的共同衡量旅游产业创新能力，记为Ln_IIC。

旅游产业竞争力代表着旅游产业所处的竞争环境。参考Henderson等学者的做法，用旅行社、旅游景区、饭店的旅游就业总人数除以机构数，即企业平均规模来衡量旅游产业竞争力。该指标反映的是旅游产业内部的市场竞争状况，在就业人数总量保持不变的情况下，企业平均规模数值越小，行业竞争力越强。具体分析时先对该数据先取倒数处理，接着再取对数，记为Ln_Com。

（四）控制变量

为避免遗漏变量对实证结果造成的误差，研究加入了一系列变量，包括：（1）教育支持（Edu），用人均受教育年限的对数衡量（Ln_Edu）；（2）对外开放水平（Open），表明地区对外经济发展程度，是地区市场经济在空间上的扩展，用进出口总额占GDP比重的对数衡量；（3）政府干预程度（Gov），用文化和旅游事业费占财政支出比重的对数衡量。

三、数据来源及研究方法

研究样本包含2017—2022年中国31个省（区、市）的面板数据资料（研究对象不含港澳台地区），数据均来源于《中国旅游统计年鉴》《中国科技统计年鉴》《中国统计年鉴》《中国第三产业统计年鉴》等。

旅游产业创新具有复杂性，资源共享对旅游产业创新、旅游经济等多维影响效应已被学界广泛研究。因此，资源共享推动旅游产业创新存在系统性和多路径特征，固定效应模型和中介效应模型的联合使用能有效研究资源共享对旅游产业创新的影响机制。同时，固定模型的使用有利于解决由遗漏解释变量引起的内生问题。利用Stata16.0软件对资源共享和旅游产业创新绩效进行固定模型检验，以验证资源共享对旅游产业创新绩效的影响；利用中介机制模型分析旅游产业创新能力和旅游产业竞争力在资源共享对旅游产业创新绩效作用过程中的中介作用；利用分组回归检验不同地区资源共享对旅游产业创新绩效的作用程度。

第三节　实证结果分析

一、描述统计分析

对除旅游产业增值以外的数据进行取对数处理，旅游产业创新的对数均值是4.2961，标准差是1.2933；资源共享对数的均值是-0.4141，标准差是0.5330。描述性统计分析数据（表7.1）表明旅游产业创新绩效和资源共享指标具有一定的波动性，可以进行回归分析。

表7.1　描述性统计分析

变量名 Variables	样本量 Sample	均值 Mean	标准差 Standard	最小值 Min	最大值 Max
Ln_II	186	4.2961	1.2933	1.4702	7.6348
IIP	186	4.7315	5.9740	−10.0174	9.9046
Ln_RS	186	−0.4141	0.5330	−1.4877	1.1150
Ln_IIC	186	14.3237	1.7902	9.1109	18.4262
Ln_Mar	186	−3.7945	2.8480	−7.2386	5.0552
Ln_Com	186	2.0938	0.3323	0.1187	2.5544
Ln_Edu	186	2.2351	0.1187	1.7186	2.5480
Ln_Open	186	−0.7181	0.2452	−1.2730	−0.0725
Ln_Gov	186	−1.8872	1.0139	−4.8761	−0.0238

二、数据平稳性检验

为保持数据平稳性，并消除异方差，对除比值外的数据进行自然对数处理。多重回归分析的一个重要前提是检验各变量间的多重共线性，利用VIF值检验法发现解释变量的VIF值均小于10，据此判定各变量不存在多重共线性问题。对数据进行平稳性单位根检验，判断数据平稳性以防止"伪回归"，ADF检验p值均小于0.01，拒绝原假设，证明面板数据不存在单位根，各变量为平稳性序列，可进行建模回归分析。

三、基准回归

进行面板回归检验资源共享是否驱动旅游产业创新。在回归分析之前，通过Hausman检验确定研究采取固定效应模型，并聚类到各省份以获得稳健标准误差，结果见表7.2。其中，第（1）列在加入核心解释变量的基础上控制时间固定效应，其对被解释变量的单变量回归系数为0.7476，且在1%水平上显著（β=0.000，t=7.12）；第（2）、第（3）、第（4）列分别加入了教育支持、对外开放、政府支持作为控制变量，被解释变量的回归系数依次为0.3910、

0.4172、0.3698，且显著。基准回归分析结果显示，在不同的回归模型下，资源共享对旅游产业创新绩效的影响显著，H1得到验证。该结论证明了"索洛悖论"在中国旅游产业中的实践并不成立。究其原因，一方面，资源共享造就了产业竞争优势，提升了旅游产业组织、调度、重组旅游资源的弹性能力，进而创造更大价值；另一方面，资源共享降低了产业链依赖度，提高了沟通和合作效率，形成了资源整合和管理机制，缩短了时间成本以提升产业创新绩效。

表7.2　资源共享与旅游产业创新的基准回归

变量	（1） Ln_II	（2） Ln_II	（3） Ln_II	（4） Ln_II
Ln_RS	0.7476*** （7.12）	0.3910*** （3.94）	0.4172*** （4.12）	0.3698** （2.79）
Ln_Edu		0.3677***（8.30）	0.3714*** （8.38）	0.3509*** （6.08）
Ln_Gov			−0.4460 （−1.22）	−0.5134 （−1.33）
Ln_Open				0.2022 （0.58）
Year FE	Yes	Yes	Yes	Yes
Constant	5.6129*** （37.44）	1.9271*** （4.17）	2.1285*** （4.34）	2.2624*** （4.14）
N	186	186	186	186
R^2	0.7350	0.8089	0.8105	0.8109

注：括号中表示的是经省份聚类（cluster）调整的稳健异方差；***、**、*分别表示估计量在0.01、0.05、0.1水平上显著。

在其他控制变量中，地区教育水平正向影响旅游产业创新。地区教育水平反映了地区旅游高端技术人才的规模。地区教育水平高的地区能快速掌握最新的产业发展动态和技术应用手段，及时追踪社会环境变化带来的新型旅游需求；能快速应用新型技术形成大数据时代下的新型互联网思维，升级营销方式扩大客源市场；能及时根据市场需求创新旅游产品，提升地区旅游竞争力。对外开放程度正向影响旅游产业创新。对外开放可直接引进技术或溢出技术，进行消化吸收再创新以推动产业创新。对外开放程度越高，引进外商投资越多，旅游企业通过模仿学习跨国公司的先进技术和管理经验进行研发活动，以有效提升旅游产业创新水平。

四、内生性检验

虽然为克服测量误差、遗漏变量引起的估计偏误，已采用构建综合指标、加入控制变量、使用固定效应模型等研究手段，但内生性问题不可避免。一方面，现实中仍存在作用于资源共享与旅游产业创新之间无法观测的变量；另一方面，资源共享与旅游产业创新二者之间可能存在双向因果关系。因此，为应对内生性破坏参数估计的"一致性"问题，采取工具变量法克服内生性问题。采用资源共享滞后一期作为核心解释变量进行估计。如表7.3第（1）列所示，资源共享对旅游产业创新的影响依然显著为正。同基准模型相比，其影响系数有所提升，表明资源共享对旅游产业创新的影响可能存在一定的滞后性。

五、稳健性检验

旅游产业创新和资源共享受到诸多因素的影响，为确保研究结论可靠，采用以下方式进行稳健性检验：第一，更换被解释变量的表征方式。考虑到被解释变量的测量误差，用旅游产业增值衡量旅游产业创新。从表7.3第（2）列可以看出，资源共享对旅游产业创新的影响结果依然稳健（$p < 0.001$，$t = 6.84$）。第二，减少极端值对实验结果的误差。考虑部分东部地区的资源共享水平及旅游产业创新绩效远高于其他地区，而部分西部地区恰恰相反，将这些样本纳入研究对象，可能会影响估计结果。因此，文章分别对资源共享和旅游产业创新进行1%缩尾处理，以消除极端值带来的结果偏误。第三，剔除直辖市样本。由于直辖市在政治、经济发展等方面同其他地区存在差异，故剔除直辖市样本后再估计。

不同稳健性检验的结果（表7.3）表明，除回归系数的数值微小波动外，资源共享对旅游产业创新的影响均保持了较好的一致性，证实了资源共享对旅游产业创新的正向促进效应稳健。

表 7.3　内生性检验与稳健性检验

	滞后一期解释变量	替换被解释变量	剔除可能极端值	删除直辖市样本
variables	（1）Tour_II	（2）IIP	（3）Ln_II	（4）Ln_II
Ln_RS	0.7489*** （6.84）	1.2098*** （9.71）	0.7494*** （7.31）	0.5851*** （5.30）
Control Variables	Yes	Yes	Yes	Yes
Year FE	Yes	Yes	Yes	Yes
Constant	3.5376*** （22.27）	8.1361*** （45.73）	5.6127*** （38.49）	5.3936*** （34.19）
N	155	186	186	162
R^2	0.7489	0.9825	0.7441	0.7610

注：括号中表示的是经省份聚类（cluster）调整的稳健异方差；***、**、*分别表示估计量在 0.01、0.05、0.1 水平上显著。

第四节　机制检验和异质性分析

一、中介机制分析

　　文章根据中介效应检验法检验旅游产业创新能力的中介作用：首先，检验资源共享是否显著影响旅游产业创新；其次，检验资源共享对旅游产业市场化进程、旅游产业创新能力和旅游产业竞争力的作用是否显著；最后，检验控制资源共享情况下，旅游产业市场化、旅游产业创新能力和旅游产业竞争力对旅游产业创新绩效的作用是否显著。表7.4为使用Stata16.0软件进行中介效应检验的结果。由基准回归可知，资源共享显著正向影响旅游产业创新。第（1）列数据显示，资源共享对旅游产业市场化进程产生显著正向影响。第（2）列数据将中介变量纳入中介效应分析模型后，资源共享与旅游产业创新市场化均能起到显著提升旅游产业创新绩效的作用。H2得到验证。第（3）列数据显示，资源共享显著提升旅游产业创新能力。第（4）列数据将中介变量纳入中介效应分析模型后，控制资源共享，旅游产业创新能力显著提升旅游产业创新绩效。H3得到验证。第（5）列数据显示，资源共享对旅游产业竞争力产生显著正向影响。第（6）列数据将中介变量纳入中介效应分析模型后，资源共享与旅游产业竞争力均能起到显著提升旅游产业创新绩效的作用。H4得到验证。同时，第（2）、第（4）、第（6）列数据显示，中介机制模型中资源共享对旅游产业创新的系数均小于基准回归模型中的系数。因此，旅游产业市场化进程、旅游产业创新能力及旅游产业竞争力均起到部分中介作用。

表7.4 中介效应检验

变量	(1) Ln_Mar	(2) Ln_II	(3) Ln_IIC	(4) Ln_II	(5) Ln_Com	(6) Ln_II
Ln_RS	0.1168* （2.3）	0.7238*** （6.81）	1.7392*** （14.54）	0.2682* （1.82）	0.4125*** （9.44）	0.1741** （2.65）
Ln_MAR		0.1415* （1.32）				
Ln_IIC				0.2756*** （4.41）		
Ln_Com						1.4245*** （9.45）
Year FE	YES	YES	YES	YES	YES	YES
Constant	−4.9059*** （−47.06）	−6.8486*** （−18.02）	10.9942*** （64.38）	2.5830*** （3.68）	2.3925*** （39.32）	2.2046*** （5.79）
N	186	186	186	186	186	186
R^2	0.9736	0.7272	0.5440	0.7611	0.3387	0.8236

资源共享通过提升市场化进程进而提高旅游产业创新。随着资源共享水平每提高1个单位，能够直接使旅游产业创新提高0.7238个单位，也会使旅游产业市场化进程提高0.1168个单位，从而导致旅游产业创新间接提高0.0165个单位（0.1168×0.1415≈0.0165）。地区市场化程度的加深可有效提升地区资源

配置能力和市场效率，提升地区产业集聚效应。地区集聚效应一方面加深了地区旅游产业内部协同创新程度，实现规模效应；另一方面也可促进创新资源流动，促进产业交流和信任，实现产业整体创新水平的升高。

资源共享通过提高旅游产业创新能力进而提高旅游产业创新。随着资源共享水平每提高1个单位，能够直接使旅游产业创新提高0.2682个单位，也会使旅游产业创新能力提高1.7392个单位，从而导致旅游产业创新间接提高0.2722个单位（1.7932×0.2756≈0.2722）。地区资源共享水平的提高增强了地区资源基础和产业内外部沟通合作效率。首先，资源是产业创新的基础。其次，资源共享通过缓解融资约束、优化人力资本结构、促进知识转化吸收影响产业内部资源，并通过降低供应链集中度提升产业创新能力。同时，产业创新能力是保障产业适应复杂多变外部环境的根本能力，产业创新能力的提高将有助于产业依据现有的创新环境、创新流程制定高阶产业创新战略。产业创新战略决定着创新水平，因此，产业创新与由资源共享带来的产业创新能力呈正相关关系。

资源共享通过提升产业竞争力进而提升旅游产业创新。并且随着资源共享每提高一个单位，能够直接使旅游产业创新提高0.1741个单位，也会使旅游产业竞争性提高0.4125个单位，从而导致旅游产业创新间接提高0.5876个单位（0.4125×1.4245≈0.5876）。地区资源共享水平的提高为旅游企业提供了新型资源配置方式，消除了传统环境下的市场进入壁垒，逐步形成新的制度规范。同时，数字技术的广泛使用，跨界融合激励更多企业进入旅游产业，进一步提升旅游产业竞争力。新进入的数字化企业凭借其数字化的高效率工作方式给传统企业带来压力，并通过"示范效应"为旅游产业注入新鲜活力，使旅游产业创新行为不断发生。

二、异质性分析

我国不同地区资源共享水平及旅游业发展水平不同，进而导致资源共享对旅游产业创新的影响存在地区差异。因此，将31个省（区、市）划分为东部地区、西部地区和中部地区，进行分组回归，以考察资源共享影响的异质性。

表7.5结果显示，资源共享对不同地区旅游产业创新的影响存在差异。具体而言，资源共享对东部地区、中部地区和西部地区旅游产业创新均具有显著正向影响，其系数大小表现为"西部＞东部＞中部"。与东中部地区相比，西部地区在数字经济环境下能从资源共享中获得更多红利。2017—2022年东部地区资源共享水平由0.1596增至0.2476，西部地区由0.0831增至0.1458，表明东部地区资源共享水平较高，地区物质资源及对资金资源较为丰富，对信息资源、知识资源应用较为成熟，使资源共享对旅游产业创新的影响可能已经超过最优区间。对西部地区而言，资源共享在旅游产业发展过程中渗透程度稍显不足。因此，实现资源共享可以加快西部地区同中部地区、东部地区间的信息、物质、资金及知识交流，实现知识、技术等资源共享，助力西部地区实现旅游开发水平和服务水平逐步提升，实现旅游创新发展。

表7.5　地区异质性分析

变量	东部	中部	西部
	（1）Ln_II	（2）Ln_II	（3）Ln_II
Ln_RS	0.5981***	0.4697*	1.4077**
	（3.89）	（2.38）	（3.14）
Control Variables	Yes	Yes	Yes
Year FE	Yes	Yes	Yes
constant	5.6604***	5.3208***	6.2574***
	（2.84）	（22.67）	（10.75）
N	72	54	60
R^2	0.7695	0.8846	0.5957

第五节　本章小结

本章在搜集并分析我国2017—2022年省级面板数据的基础上，从理论分析和实证检验两方面考察资源共享对旅游产业创新的影响效应及作用机制，构建了数字经济下资源共享对旅游产业创新的影响机制模型。研究结论如下。

第一，资源共享能显著促进旅游产业创新。资源共享水平较高的地区倾向于充分利用并发挥地区资源优势，开发特色旅游产品、开拓新兴客源市场，实现旅游目的地产业创新可持续发展。

第二，中介机制检验结果表明，资源共享能通过提升旅游产业市场化进程、旅游产业创新能力和旅游产业竞争力的方式促进旅游产业创新。资源共享对旅游产业创新的影响主要通过提升地区市场创新技术引入和改善创新环境提高产业创新；通过提升旅游产业资源创建能力、资源扩展能力、资源配置能力等动态能力提升产业创新；通过提升产业竞争力实现旅游产业创新。

第三，资源共享对旅游产业创新的促进作用存在地区异质性。资源共享对东部地区、中部地区、西部地区旅游产业创新具有显著的正向促进作用，对西部地区的影响远大于东部地区和中部地区。分组检验结果显示，经济发展水平较低和基础设施匮乏的地区，资源共享对旅游产业创新的影响更大。

第八章　数字经济下旅游产业高质量发展的策略

第一节　推动数字经济高质量发展

数字经济是旅游产业高质量发展的新引擎，故旅游产业高质量发展需先推动数字经济高质量发展。高质量发展数字经济理应加强数字经济基础设施建设、推进数字产业融合进程。此外，数字经济不断发展的同时数字鸿沟等问题也会凸显，影响数字经济发展进程，扩大区域发展差异，故发展数字经济的同时还应该警惕数字鸿沟等现象，积极应对发展过程中面临的挑战。

一、加强数字经济基础设施建设

针对数字经济基础设施建设，应推进以信息网络基础设施、算力基础设施、融合基础设施和创新基础设施为主体的"数字新基建"建设，既为数字经济提供了坚实的基础和底座，也为数字经济发展贡献持续的动力和资源。

在信息网络基础设施方面，加强泛在连接装置和空间信息基础设施的建设。积极推进包括以5G、光纤为代表的信息传输通道、物联网等实现物与物、物与人的泛在连接装置以及卫星互联网等空间信息基础设施的建设。在保持信息基础设施建设规模的同时提升信息基础设施建设质量，为数字经济的高质量发展提供扎实的成长基础。努力提升国家全域旅游示范区、国家AAA级以上旅游景区、国家级旅游度假区、乡村旅游区等各类旅游重点区域的无线网络、5G网络稳定覆盖，保障大密度客流环境及偏远区域通信设备信号畅通，并推动停车场、旅游集散与咨询中心、游客服务中心、旅游专用道路及景区内部引导标识系统等数字化与智能化改造升级。

在算力基础设施方面，积极推进包括以人工智能、云计算、区块链、数据中心、智能计算中心等为代表的算力基础设施建设。强调"云网协同"，发挥好全国一体化算力网络国家枢纽节点的重要作用，并积极推动"算网融合"，推动数据、算力和算法的深入融合，加快人工智能与大数据、云计算、物联网的融合进程，为智慧医疗、无人驾驶、智慧城市、智慧金融等应用场景提供更加高效的基础支撑。具体到旅游领域，鼓励各级文化和旅游管理部门及景区管理单位充分利用5G、物联网、大数据、云计算、人工智能、区块链、超高清视频、数字孪生等技术，建设智慧旅游实时监测及应急指挥平台，以提升旅游行业监测、风险防范、调控疏导和应急处置能力，推进建设立体安防体系，提升行业治理效能。

在融合基础设施建设方面，深度应用互联网、大数据、人工智能等技术以加快提升各类传统基础设施的网络化、智能化、服务化、协同化水平。充分发挥数据要素对基础设施提质升级的重要作用，在各领域打造高质量融合基础设施，如智能交通基础设施、智慧能源基础设施等。具体到旅游领域，充分应用数字技术和数据要素装备景区、度假区的旅游产品以及交通、酒店、游客接待中心等接待设施，从而打造智慧旅游景区、智慧酒店、智慧游客中心等。此外，应用数字技术升级原有旅游服务平台，打造集"食住行游购娱"旅游全环节于一体的数字化平台。

在创新基础设施建设方面，加大重大科技基础设施、科教基础设施、产业技术创新基础设施等的建设力度。一是鼓励新技术在旅游业中的应用创新；加强景区无人设备自动驾驶巡逻、导览智能机器人等新技术的引进运用，增强旅游的体验性和互动性。二是鼓励发展新的旅游资源保护与开发应用技术；重点推进旅游资源普查、资源安全防护、创意产品开发、景区安全风险防范等技术的研发和应用，推进物联网感知设施建设，加强对重要旅游资源、重点设施设备的实时监测与管理。三是引导新装备新技术在旅游业的应用；重点推进高品质旅游目的地夜间旅游装备、游乐游艺设施设备、冰雪装备、邮轮游艇、低空旅游装备、智能旅游装备、旅游景区客运索道等装备的自主创新及高端制造。

二、推进数字产业融合进程

数字产业融合是数字经济高质量发展的必经之路，而数字产业化和产业数字化是数产融合的两大态势。现阶段，旅游产业的数字化转型已成为旅游产业可持续发展的必然要求和高质量发展的必经之路。

在数字产业化方面，充分发挥数字技术的驱动作用，努力提升数字产业核心竞争力，加快数字技术成果转化以及打造数字化产业集群，不断探索发挥数据资产价值的实施路径。一是提升数字产业核心竞争力。培养一批深耕工业软件、智能传感器、数据安全等领域的"专精特新"中小企业，提升关键软硬件技术创新和基础零部件、基础电子元器件、基础材料等领域核心产品和技术的供给水平，强化关键产品和技术的自给保障能力。二是加快数字技术成果转化。建设共性技术平台，加大对共性开发平台、开源社区、共性解决方案、基础软硬件的支持力度，鼓励相关代码、标准、平台开源发展，支持在具备条件的行业和企业探索新一代数字技术应用和集成创新，从而推动数字技术从理论走向实践、从实验室走向市场。三是打造数字产业化集群。协同推进信息技术软硬件产品产业化、规模化应用，加快集成适配和迭代优化，推动软件产业做大做强；并实施产业链强链补链行动，完善5G、集成电路、新能源汽车、人工智能、工业互联网等重点产业供应链体系，有效提升产业链自主性、可持续性和韧性，推动"强链、补链、固链、延链"取得新进展。四是积极培育数据要素市场。通过数据要素市场化配置改革，统筹数据开发利用、隐私保护和公共安全，加快建立数据资源产权、交易流通、跨境传输、安全保护等基础制度和标准，重点解决数据权责、定价机制、数据质量、安全、隐私保护等问题，并鼓励和支持重点领域的重点产业先行，挖掘数据要素价值以释放数据红利。五是发展基于数字技术和数据要素的智能经济。优化智能化产品和服务运营，培育人脸识别、自动驾驶、智慧销售、智能制造等新增长点，深化大数据、人工智能、云计算、工业互联网等新一代信息技术集成创新突破和融合应用，加快平台化、定制化、轻量化服务模式创新，满足个性化、差异化的消费需求，打造新兴数字产业新优势，促使"中国制造"向"中国智造"转型升级，推动中国从互联信息时代进入智能信息时代。

产业数字化即利用数字技术、要素等对传统产业进行数字化改造和智能化升级，从而实现数字化转型。在宏观层面，加强顶层规划和设计，以智能制造为引领，全面推进区域经济数字化整体转型，打造制度型开放、数字化赋能的发展新格局。在中观产业层面，主要是面向"双循环"的新发展格局，以数据流通、数据交易为抓手，推进无形的数据要素与有形的资本、劳动力等要素实现高度融合，打造"研发+生产+供应链"的数字化产业链，实现产业与生产性服务业跨界融合。同时，打造产业数字化平台，共享技术、通用性资产、数据、人才、市场、渠道、设施等资源，以重塑产业发展的生态体系和发展模式。在微观层面，将企业的各个环节与数字经济有机结合，主要包括"上云""用数""赋智"三个方面。"上云"即将企业经营管理过程中的数据积累下来，利用云端资源和能力促进企业研发设计、生产加工、经营管理、销售服务等业务转型；"用数"即企业将大数据分析、物联网及区块链等技术渗透到企业经营过程中，通过数据分析、挖掘、建模，及时监测企业经营管理的运行状态和发现经营管理中的关键规律，盘活数据要素，实现多维度数据治理，为企业发展创造新价值；"赋智"即进一步推进企业智能化改造，逐步实现人工智能与实体企业深度融合。

三、积极应对数字经济发展带来的挑战

数字经济不断发展的同时，也带来了诸多挑战。例如，个人信息泄露的数据风险与安全问题，经济水平、数字设备接入、数字技术使用和数字能力培育等方面存在差异形成数字鸿沟问题以及维护自身利益出现的数字壁垒问题。这些问题不利于数字经济高质量发展，需采取积极的措施予以解决。

解决数据风险与安全问题应从政府、企业、个体三个层面出发。在政府

层面，首先，健全相关法律法规，加大普法宣传教育力度，动员全社会深入学习《中华人民共和国数据安全法》《中华人民共和国个人信息保护法》等法律法规和相关制度，达成严格遵守相关法律、确保数据使用行为安全合规的共识。其次，健全工作机制，落实平台安全管理部门、政务应用部门、授权运营者等主体责任，摸清数据资产底数，建立数据资产台账，实施数据分类分级管理。再次，强化政务平台的安全性，严格权限管理，采用基于属性的访问控制模型，通过接口方式对外提供服务，并加强安全技术手段，实现数据分域管理，利用数据沙箱、隐私计算等措施赋能数据开放流通。最后，实施数据风险监测，加强数据留痕审计和溯源，保障数据流动全链条可控。在企业层面，一是加强硬件设施建设。企业应配置防火墙、入侵检测系统、反病毒软件等安全设备，以保护网络和服务器的安全，并通过加密技术对重要数据进行加密，以有效保护数据的安全性。二是加强安全管理。企业应建立完善的安全管理制度和安全管理流程，针对有可能发生的安全问题建立应急预案以便及时处理，并进行数据使用风险评估和安全报告，从而保障数据安全。三是加强员工安全教育。企业定期对员工开展数据安全知识培训，向员工传授安全意识和安全操作方法。个体层面主要是加强自我保护意识，主动学习数据安全方面的相关知识，树立正确的价值观，遵纪守法，做一名合格的公民。在个体层面，首先，提高自我的数据保护意识，这也是最重要的一环。谨慎填写个人信息，在注册账号、办理业务等场景中，避免泄露过多个人敏感信息；谨慎点击陌生链接和附件，对于来源不明的链接和附件，不轻易点击和下载；强化密码管理，避免一码多用。其次，加强网络安全防护，安装正版防病毒软件，谨慎使用公共网络和设备，避免在公共网络环境下进行敏感操作。最后，加强社交网络防范，设置隐私权限，谨慎添加陌生人为好友等。

根据数字鸿沟产生的主要原因，可将解决数字鸿沟问题的措施分为三步，分别是"用得上""用得起""用得好"。"用得上"主要解决"有没有"的问题，确保有应用数字技术、发展数字经济的可能。为此需要不断加强数字基础设施建设，拓展网络覆盖范围、提升网络质量，并通过加大适老化智能终端供给力度，推动信息无障碍建设、支持少数民族语言语音技术研发应用、攻克核心技术和推动数据资源跨地区、跨层级共享等措施提高数字设施和智能产品的服务能力。"用得起"主要解决经济水平问题，确保有能力支付相关费用。为此各个省份都需要加大政策支持力度，通过减税、补贴、价格管控等措施降低数字技术使用成本，从财税方面多措并举完善资金保障机制，加大对数字经济发展薄弱环节的投入力度。这一问题在经济发展水平落后的区域尤为明显。故可通过建立区域数字经济合作发展联盟、建立数字合作平台、实施数字经济对口支援等措施扶助数字经济发展水平落后区域。"用得好"主要解决数字技术使用能力问题，积极动员政府、学校、社区等主体加强数字技能的培训和教育，围绕数字生活、工作、学习、创新等需求，运用视频、动画、虚拟现实、直播等载体形式，做优做强数字素养与技能教育培训资源，打造易学、易用、有效的内容与服务，并打造一批数字素养与技能培训基地，鼓励社会力量参与全民数字素养与技能提升行动。除以上三步之外，还需定期开展数字鸿沟监测调查和评估，以评促建、以评促用，从而为各地区各行业开展后续相关工作提供指导。

针对数字壁垒问题，在国际层面，首先，需要转变数字经济发展理念，将数字经济的发展置于人类命运共同体视角下，从政治、经济、科技、社会等多领域思考和制定发展规划，并针对各类数字经济风险结合我国国情制定针对性的预案，从而提高中国数字经济战略的兼容性。其次，集中优势力量在数字技术关键领域实现突破，坚持创新驱动发展战略，使数字壁垒"不攻自破"。最后，还可建设涉外数字法律服务中心，为互联网企业在海外经营提供充分的法律协助，鼓励企业从被动合规、形式合规向主动合规、实质合规转变。在国内层面，以开放、包容、公平的态度对待数字经济，积极吸取高水平地区数字经济发展经验，加强东西合作，联合建立数字技术、数字资源共享平台，打破省份间的数字经济发展壁垒。

第二节　打造高水平旅游经济韧性

一、积极推动旅游产业结构优化

实证分析表明，产业结构优化是数字经济发展促进旅游经济韧性提升的有效中介机制，且产业结构优化的中介效应最明显。因此，借力数字经济推动旅游产业结构优化是提升旅游经济韧性的有力举措。而借力数字经济推动旅游产业结构优化主要包括两方面的举措，即提高旅游业的数字技术构成和借力数字经济优势优化资源配置。

（一）提高旅游产业数字技术构成

提高旅游产业数字技术构成能够提升旅游产业效率，有利于旅游产业结构的优化。提高旅游产业数字技术构成主要依靠加大数字技术在旅游产业中的介入力度和加强市场机制建设。

一是加大数字技术在旅游产业中的介入力度。要全面提升云计算、物联网等数字技术在旅游产业中的参与度，积极推进旅游产业各个环节的智能化、个性化改造。在产品方面，充分利用数字技术适配更多旅游场景，鼓励旅游市场主体结合生态环境、自然景观、历史文化等资源，以增强游客体验、提升游客服务为宗旨，探索旅游产品与5G智能技术、VR、AR等先进数字技术的融合创新应用，从而提供个性化、品质化、交互化、沉浸化旅游服务，如开发数字藏品、5G+VR/AR沉浸式旅游、云旅游等数字旅游产品。在营销方面，利用大数据建立游客信息库，并运用数据挖掘和分析技术对游客信息进行解析以了解游客偏好，精准推送合适的旅游线路、餐饮住宿等旅游产品，实现个性化营销。在服务方面，利用GPS轨迹、智能感知设备、Wi-Fi定位等数据采集技术，实时监测景区游客的数量、密度、热点区域等以便实施高峰期分流措施，制定有效的旅游应急预案等。此外，还可借助物联网、大数据、云计算等技术打造集景区、旅游企业、政府、游客于一体的综合性数字旅游平台，用于发布旅游产品信息、优惠政策、游览攻略、购买门票、订购酒店等，打破信息壁垒，化繁为简，促进交流与沟通。

二是加强市场机制建设。这属于借力数字技术提升旅游业技术构成的间接策略。积极有效的市场机制将加速数字技术及相关要素资源向旅游产业流动和转移，为此需要更好发挥政府的调控作用。首先，完善政府调节与监管的机制。政府部门明确职责分工，凝聚各方合力，联合各地区、各部门围绕建设高标准的市场体系、深化要素市场化配置体制机制改革等重点任务通力合作，确保行动落到实处。其次，推进制度建设。一方面，加强旅游市场本身的各项制度建设，建立市场准入规则和国际市场对接规则，强化竞争政策的基础地位，清理废除妨碍统一市场和公平竞争的各项不合理规制，打破旅游市场的行政性垄断和市场垄断；另一方面，加强促进旅游市场体系有效运行的现代监管机制和配套制度建设，推进包括审慎监管、信用监管、社会监管等监管制度在内的综合协同监管，加强游客维权制度建设。最后，强化示范引领。政府部门筛选一批高标准市场机制示范区，通过典型示范的方法，将优秀经验和方法及时推广。

（二）优化旅游产业数字资源配置

利用数字经济优势优化资源配置，推动旅游产业链升级和供需协同，助力旅游产业结构优化。

首先，数字经济最关键的优势便是"数据"要素。故须充分利用数据这一核心要素，配合物联网、云计算、大数据、5G技术等新一代数字技术，推进旅游产业的数字化改造。利用数据引领实体旅游产业中物资、技术、资金和人才的配置，驱动旅游产业生产要素的集约化、网络化、共享化、协作化和高效化改造，实现资源的高效配置，推动旅游产业链升级。

其次，数字技术引导了旅游消费需求的升级。可利用数据挖掘等数字技术调查分析旅游消费新需求。利用全息投影、数字孪生、扩展现实等新技术改造旅游产品，打造VR文旅体验馆、虚拟主题公园、数字藏品等一批与旅游消费需求相匹配的新产品供给，而非盲目生产。数字经济在引导旅游消费需求升级的同时，旅游业也可借力数字经济的优势生成广泛、有效、高质量的旅游供给，实现供需协同，避免资源浪费，促进旅游产业结构升级。

二、促进旅游产业创新能力提升

创新能力是数字经济促进旅游经济韧性提升的有效中介机制。旅游产业的创新能力有利于发展新业态、开发新产品、打造新商业模式，是旅游业可持续发展的动力。基于此，可采取三大策略，一是创新旅游产业发展模式，二是提升资源获取能力推动产业创新能力提升，三是打造优质的政策环境强化数字经济对旅游产业创新能力的提升作用。

（一）创新旅游产业发展模式

借力数字经济打造旅游产业数字化创新的新模式。大力发展"数字+旅游"平台企业模式，以"数字+旅游"平台企业为支点前延后伸，辐射发展横向产业链和上下游关联产业链，构建"数字+旅游"产业创新生态系统，以提升旅游产业数字化创新的规模化和集约化水平。此外，旅游企业还可运用兼并、收购、联盟等市场手段对信息通信业、电子信息制造业、软件服务业、互联网业、人工智能业等产业链中的重要价值活动环节进行控制或联合，在旅游产业生产的各个环节实现数字技术的嵌入与应用，全面深度推进旅游产业数字化创新。

（二）提升资源获取能力

借力数字经济提升资源获取能力有利于提升旅游产业创新能力。首先，借助物联网、云计算等数字技术构建囊括政府部门、科研院所、金融机构、上下游企业等组织的资源共享合作平台，为突破创新资源获取的时空限制奠定平台基础。其次，以政府部门为牵引，带动企业等社会组织积极参与资源共享。政府一方面需要发挥宏观调控职能，从顶层设计角度，加快构建数据基础制度，确定创新资源共享战略，积极推动政务数据的按需共享与有序开放以及推动政府职能部门、市场主体、社会组织等数据资源持有者的整合共享。另一方面，政府需要发挥微观规制职能，从行政管理角度，完善数据资源市场化配置机制，推动数据要素市场化改革，破除信息交流壁垒，从体制机制上营造数据资源共享利用的良好条件。企业等组织在政府的带动下，积极响应资源共享的号召，通过合作和联盟等方式，加强产业链上下游间的联系，共享彼此的资源和技术，以提高创新效率。

（三）打造优质的政策环境

打造优质的政策环境有利于强化数字经济对旅游产业创新能力的提升作用。政府部门应当不断完善创新相关的政策制度，打造优质的政策环境。以政府为主导，以旅游、科技等相关职能部门为助力，多方入手持续优化数字经济时代旅游产业创新的政策环境。例如支持对接国家、省战略科技力量体系，对所在区域的技术中心、重点实验室、公共科技研发平台等予以支持和奖励；开设科技创新和旅游创新信用担保贷款业务；落实税收优惠，灵活运用"资本减免""投资损失扣除""投资优惠""旅游创汇奖励""技术创新的税率优惠"等税收优惠政策，形成税收优惠政策的合力，以重点支持旅游企业的数字技术创新。

三、增加旅游产业人力资源

人力资源是数字经济促进旅游经济韧性提升的有效中介机制，即数字经济时代，旅游人力资源的增加有利于提升旅游经济韧性，促进旅游产业高质量发展。旅游人力资源的提升主要体现在两个方面，即旅游人力资源质量的提升和旅游人力资源数量的增加。

（一）提升旅游人力资源质量

首先，利用数字经济的相关优势和技术加强对现有旅游从业人员的培训。借助数字经济突破教育时空限制的优势，搭建旅游在职教育平台，为旅游从业人员提供职业技能、外语、专业知识等多方面学习资源。聘请行业专家在微博、抖音等公共平台开展线上培训，为从业人员提供交流的机会，从而提升从业人员的专业能力。

其次，积极推进旅游产业人力资源数字化转型，实现人力资源的数字化运营管理。例如在招聘方面，搭建连接雇主和应聘者的在线人才管理平台，利用人工智能和机器学习技术帮助企业快速找到合适的人才，保障招聘质量；在人才管理方面，借助数字化工具进行分析、预测、建模、验证、优化等一系列操作，进行有效的人力资源配置，以发挥出人力的最大价值。运用数据分析工具对员工进行绩效考核，从而在培训、薪酬福利等方面做出更加科学的决策，有效培养人才。

（二）拓展旅游人力资源数量

旅游人力资源数量的增加离不开就业岗位的增多。借力人工智能、大数据、5G等现代信息技术推进"旅游+农业""旅游+医疗""旅游+文化"等一系列"旅游+"产业的发展，横向拓展旅游产业链条，并开发和打造虚拟旅游、文旅数字藏品等新型旅游产品。多管齐下增加旅游领域的就业岗位，获取更多人力资源。此外，积极推进高校旅游专业的建设，扩大旅游管理专业本科生、研究生的招生数量，教学上理论与实践并重，培养具有旅游管理知识和从事旅游业工作能力的复合型人才，从而扩大旅游人力资源的储备力量。并采取相关措施保障储备人才的有效转化，避免旅游专业毕业生"高流失率"现象，如学校邀请旅游相关企业来校招聘、政府对应届生创业予以补贴等。

四、推进省域联合以改善空间效应

研究证明，数字经济对旅游经济韧性的提升存在负向的空间溢出效应，这可能是由虹吸效应、不良竞争等原因导致的。为此需要采取建立区域战略联盟、搭建省域资源共享合作平台、实施对口支援战略以推进良性的省域联合发展，从而使负向空间溢出向正向空间溢出转变，扩大数字经济对旅游经济韧性的提升效应。

（一）建立区域战略联盟

区域战略联盟的建立需要循序渐进，需从确定联盟范围、确定指导思想和原则以及确定区域联盟的具体做法等多个方面认真对待。

首先，确定联盟范围。空间溢出效应主要辐射邻近省份，为此需要以地理单元为依据，以华东、华北、华南、华中、西南、西北六大板块为基础，建立区域战略联盟，以促进区域间数字经济相关资源互补，以提升旅游经济韧性。

其次，确定区域联盟的指导思想和原则。以区域数字经济合作为导向，以利用数字经济提升旅游经济韧性为目标，以资源共享、合作共赢为指导思想，以国际合作战略等协议内容为依据，根据自身情况签订战略合作协议，并制定行业发展规范，建立多元监管机制，限制资源垄断和恶性竞争行为。

最后，确定区域联盟的具体做法。以数字经济发展水平最优省份为领头羊，借力数字经济促进旅游产业结构优化、旅游创新能力提升等措施将数字经济发展优势转变为提升旅游经济韧性，并将相关资源、先进经验分享至战略联盟，通过产业资源对接、优势互补、经验共享等做法使区域战略联盟能够惠及联盟省份。

（二）搭建省域资源共享合作平台

搭建省域资源共享合作平台有利于资金、技术等资源互联互通，促进资源的良性流动，改善负向的空间溢出效应。数字经济的发展使资源、要素的流动不再受时空限制的束缚，可联合各个省份共同打造一个线上资源共享的合作平台。优秀线上平台的建设涉及各类新技术的综合运用，为此需要聘请专业人才，坚持系统观念，加强云计算、大数据、人工智能、5G、IPv6、物联网等新技术集成创新，以形成融合型平台支撑体系，为资源共享合作平台建设提供算力、算法、分享交流等共性服务能力支撑。优秀的平台建设为省域资源合作共享提供了物质基础，但还需要各省份通力合作。可联合各省份签订合作协议，倡导各省份在平台上积极进行资源共享、信息互通、互帮互助等。

（三）实施对口支援战略

实施对口支援战略，加强扶弱，实现拉动效应。导致数字经济对旅游经济韧性产生负向空间溢出的原因之一便在于数字经济的发展使资金、信息、人才等要素资源不再受时空限制，在虹吸效应的作用下逐渐流向旅游经济韧性强的省份。基于此，可从宏观层面下发政策文件，实施对口支援战略，即数字经济发展水平高的省份扶持数字经济发展水平弱的省份，旅游经济韧性强劲的省份扶持旅游经济韧性低的省份，东部帮助西部，城市帮助农村。例如在经济上，支援地通过优惠的财税政策积极推进地方优质数字经济相关企业、旅游企业与受援地进行合作，包括人才培训、业务合作、技术分享等各个方面，助力于受援地数字经济、旅游经济的发展。教育上，支援方通过选派一批高水平骨干教师、专家到受援地区讲学或培训，并定期实行远程教学，无偿分享优质教育资源，受援地可选派教师进修、访学、攻读学位等，通过多种途径从而提升教育教学质量，助力受援地的人才培养。

第三节　促进旅游产业资源共享

资源共享对推动旅游产业创新绩效具有显著正向促进作用，资源共享指标体系由信息资源共享、知识资源共享、资金资源共享、物质资源共享四个维度构成。因此，推动旅游产业创新亟须提升旅游产业信息资源共享、知识资源共享、资金资源共享和物质资源共享。

一、促进旅游产业信息资源共享

进入数字经济时代，信息化作为新的生产力和生产导向，已经成为引领创新、驱动发展的先行力量。信息技术已渗透至各行各业，旅游产业与信息产业的融合度正不断加深。利用信息化技术拓展旅游发展方向、提升旅游发展效率迫在眉睫。

第一，以信息化技术推进地区旅游产业发展。提升信息化技术在东中部旅游产业的应用，提升资源配置效率；各级各地政府给予信息技术欠发达地区政策和资源要素的倾斜。同时，设立科研平台，加大对新一代信息技术的投入力度，为旅游产业发展提供强有力的技术支持。

第二，依托数字技术建立旅游产业共享平台。依托云计算、大数据等数字经济时代高水平数字技术，由旅游行政部门牵头构建集信息资源共享、物质资源共享、资金资源共享、知识资源共享于一体的综合性旅游共享服务平台。利用信息技术实现对旅游信息的动态化、智能化管理。基于该平台建立地区旅游数据库，构建集数据采集、存储、管理、分析、呈现于一体的数据平台，提供综合、个性化的旅游产品及服务满足共享经济下游客新型需求。

第三，提升数字技术应用范围和深度。旅游企业应加快推进信息化基础设施建设，实现数字化生产、经营和管理，提升旅游服务效率。同Travelport、Travelocity、Expedia、携程、去哪儿、途牛等知名在线旅游服务商达成合作，借助平台资源，锁定目标客户实现精准营销。

二、促进旅游产业知识资源共享

随着数字技术的发展，知识的生产和传播均发生变革，推动了知识资源共享的效率不断提升。为促进旅游产业知识资源共享，可从促进产业内部和产业间知识资源共享两个方面进行。

一方面，促进旅游产业内部知识资源共享。一是举办知识分享活动。举办研讨会、论坛等活动，邀请行业专家在共享平台上提供行业报告、研究成果、最新趋势等旅游专业知识，促进知识再利用产业内部的交流和合作，激发创新思维。二是建立合作关系。旅游企业、组织间建立合作关系，共同承担合作项目。在合作过程中共享知识资源，促进知识在旅游产业内的传播以提升产业竞争力。另一方面，促进产业间知识资源共享。加强旅游产业同其他行业间的跨界合作，促进旅游产业和其他产业间知识的双向流动，实现合作共赢。例如：同科技公司合作，利用科技公司技术知识开发智能旅游产品；同营销公司合作精准锁定目标客户，提升旅游产品知名度。

三、促进旅游产业资金资源共享

促进旅游产业资金资源共享可通过推动金融机构支持、建立旅游产业投资基金、实现旅游经济资源共有共建共享等手段。

一是推动金融机构支持。吸引民营投资资本投入旅游产业建设并增加对中小企业的资金投入；银行贷款政策要向旅游产业倾斜，对资源禀赋好但经济匮乏的地区放宽贷款条件，促进旅游产业融资；支持旅游企业发放旅游国债，帮助企业快速回笼资金进而带动产业投资。

二是建立旅游产业投资基金。鼓励旅游产业市场主体合作成立专属旅游产业投资基金，将集中资金向旅游企业提供资金支持。

三是实现旅游经济共有共建共享。抓住当前居民旅游需求高涨的机遇，基于地区旅游特色，大力发展旅游经济，促进地区经济增长。完善旅游利益分配机制，提升旅游资金资源共享宽度实现区域旅游经济良性循环发展。

四、促进旅游产业物质资源共享

一是构建全域旅游服务体系。强化食、住、行、游、购、娱等旅游基础设施建设力度，改善地区旅游环境，缩小地区间差距；加大地区旅游服务业培训力度，提升地区旅游服务水平；优化旅游公共经营资源，采取科学有效的管理手段实现公共经营资源在需求方与供给方之间的优化配置。

二是发挥政府在提升资源共享水平中的主导作用。政府部门应充分把握自身在旅游产业资源共享中的引导者角色，依据本省（区、市）发展状况和条件推进地区资源共享要素，制定相关政策以提高资源共享水平。例如，北京市资金资源丰富而物质资源共享水平较低，利用资金优势加大旅游产业投入力度，开拓北京市专有旅游品牌如"故宫文创"等，以有效带动北京旅游产业发展。

三是加快信息技术在景区建设中的应用。加强景区数字化服务平台、基础数据库等数字基础设施建设。推动AAAA级以上旅游景区实现免费Wi-Fi、智能导览、信息推送等功能全覆盖；要求国家级旅游景区、旅游度假区、休闲街区、红色旅游景点等重点区域实现网络全覆盖，优化重点区域及人流聚集区域的网络服务质量。推动5G与物联网、虚拟现实、机器人等技术和产品的有效融合，引导景区互联、智慧导览、沉浸式旅游等应用场景规模发展。

第四节　提升旅游产业创新能力

借助数字经济培育并提升旅游产业创新能力是推动旅游产业创新的有效举措。数字经济时代，从资源共享、营造创新环境、培养创新人才等角度出发，为提升旅游产业创新能力出谋划策。

一、从资源共享角度启发创新

以资源共享启发创新，需要有资源优势的心理共识。依托优势资源创新管理机制，拓展资源共享主体和共享方式，实现产业结构创新升级，提升产业创新水平。

一是以资源共享理念创新资源共享模式。政府相关部门要提高思想认识，树立资源共享理念，明确以资源共享推动产业发展；鼓励、支持、引导社会组织和个人树立共享发展意识，鼓励其共享旅游资源，并建立利益协调补偿机制对共享资源的行为和个人予以奖励。

二是坚持以互利互惠为原则实现旅游资源共享。基于"资源整合、优势共享、互利互惠"的指导原则进行集体股份所有制改革，建立合理的利益机制提高社区居民参与度，提升旅游企业管理效率；优化资源获取和协调配置机制，利用和整合开发旅游资源体系，提高旅游资源使用效率。

三是以资源共享理念推动旅游高质量供给。拓展资源共享主体和共享方式，借助多元共享主体的力量更加科学、灵活地获得投资和融资，发挥资本在推动资源共享向经济高效转化的直接作用；以资源共有、共建、共享推动资本有效投资，助力旅游产业融合走高质量发展道路。

二、营造旅游产业创新环境

旅游产业创新能力的提升需要营造良好的旅游产业创新环境。

一是持续激励旅游产业创新。利用财政政策刺激旅游需求，以需求反哺旅游产业发展，促进旅游产业创新能力提升；加大研发资金的投入力度，以提高研发强度和研发效率，加大资金转化力度。

二是优化内外部产业创新环境。各主体要充分重视旅游产业技术创新和制度建设，改善市场环境、构筑多元融资体系，营造良好的旅游产业创新外部环境，提高旅游产业创新外部能力保障。促进旅游产业有效整合和利用社会存量资源和闲置资源，以提升旅游产业的资源整合能力；支持旅游产业向上追溯和向下延伸，加速旅游业向其他行业和领域的渗透及融合发展。

三是重视旅游产业的创新成果转化。这不仅需要政府相关政策的引导，如坚持创新驱动发展战略、推动智慧旅游发展等，还需要利用企业新技术与新产品的研发和旅游市场需求的增长共同推动旅游产业创新成果转化。

三、培育旅游产业创新人才

在旅游产业链不断扩展、全球经济一体化背景下，具有创新能力和创新意识的旅游人才队伍是旅游产业创新的筑基石。

第一，政府职能部门制定旅游高层次人才培养计划，培养具备新时代信息技术素养、数字传播素养、统计分析素养、哲学社会科学素养的新兴人才。融合互联网技术构建育人平台，以互联网技术为支点，拓展旅游育人实践体系；以技术为支撑，分享人才资源，构建完善的旅游产业人才育人服务平台。

第二，树立产业融合育人观念，跟随时代发展调整课程设置，重视实训课程体系构建，培养高素质人才，实现旅游人才培养供给侧结构性改革。

第三，积极推进在职培训、加大专业人才与技术人才培育力度，推进优势供给，完善旅游人员培训机制是对标旅游行业人才需求的保障。打通"政产学研"合作办学通道，为企业和学校搭建桥梁，不断优化校企协同育人模式，实现在职培训，坚持育好人同用好人相结合，不断释放人才发展新动能，实现旅游产业创新能力跃升。

第四，培养创新型旅游人才是旅游人才队伍建设的重中之重。创新人才培养和开发的模式，通过学校、企业共同培养一批具有国际眼光、具有创新意识和创新能力、符合旅游业现实需要的高素质人才。

第五节　推动旅游产业市场化进程

推动旅游产业市场化进程有利于旅游产业创新。增强旅游市场主体活力，深化生产要素市场化改革等市场经济改革举措可有效提升旅游产业市场化进程。以问题为导向，实施差异化的市场体制改革举措，有利于缩小地区市场化程度差异，提升整体旅游产业创新水平。

一、增强旅游市场主体活力

坚持多种所有制经济共同发展，充分发挥各类市场投资主体的积极性，大力培育市场主体活力。培育市场主体，重点在于加强国内旅游市场建设。提升旅游产业市场化改革的市场主体活力，通过市场化运作提升旅游产业市场化进程。

一是增强国有产业市场主体活力。引导鼓励国有资本控股的旅游企业走市场化道路，打破资源垄断，主动参与市场竞争，推动市场化投资。转换国有企业经营机制，提升国有企业竞争力、创新力、抗风险能力，促进国有企业在旅游产业创新发展中发挥引领作用。

二是推动民营企业创新发展。鼓励民营企业改革创新发展，支持民营企业开展基础研究和科技创新，参与国家重大科技项目。加快培育旅游上市企业资源，创造增发新股的机会，增强旅游上市公司的盈利能力和融资能力，构建多元化市场主体。

三是发挥龙头企业市场带动作用。充分发挥旅游龙头企业及中小企业、旅游行业协会等主体在旅游产业创新中的重要作用。稳步推进龙头旅游企业战略性并购重组和规模化、网络化、品牌化创新。

四是鼓励支持中小企业创新发展。明确中小旅游企业发展方向以"专业化、创新化"方向为主；扶持乡村旅游企业创新乡村旅游经营模式，促进乡村旅游提质增效；对小微旅游企业实行税收优惠政策及财政补贴，不断提升旅游产业服务质量和旅游创新能力。

二、深化生产要素市场化改革

生产要素是指人们进行社会生产活动时所必需的一切资源、环境和条件，具有时代性、历史性和演变性。随着我国市场经济改革的持续推进，我国在要素体系、分配机制等方面取得较大进展，但生产要素市场化改革还未完成。要素质量不高和制度性交易成本较高等难点阻碍旅游产业市场化进程。坚持市场起决定性作用的要素市场配置体系，加快重点生产要素体制改革，有助于旅游产业消除机制障碍，形成开放式创新模式。

一是坚持要素市场化配置改革要遵循统一性、充分性、系统性原则。构建要素市场产权清晰、竞争有序、配置高效的全国统一的旅游产业要素市场；解决政府对市场监管错位的难题，破除体制障碍，保障各生产要素在市场上的充分流动及不同市场主体在市场上平等获得生产要素；协调推进土地、资金、技术、劳动力、金融等生产要素改革，实现各类生产要素改革的系统协调。

二是加快以技术转化为核心的技术要素市场化改革。运用政策引导、财政支持、社会资本投入等手段鼓励科技发明、采购及使用；加快完善知识产权制度，保护科研成果和知识产权权益不被侵犯；建立以企业为主体，市场为导向、科研人员自主决定是否转化科技成果的转化机制。

三是加快培育数据新型生产要素市场化配置。培育合法数据开放共享模式和数据市场交易机制。重点保护个人层面的数据隐私，强调企业层面数据价值，关注国家层面数据的运营流动及安全规范。在合理合法、数据安全的前提下推动数据合理共享，提升数据在全球范围内高效配置。

三、实施差异化、市场化改革

市场化进程能够通过信息资源、知识资源、资金资源和物质资源投入影响旅游产业创新。针对东、中、西部地区实施差异性市场化改革策略，可逐步缩小地区差距，实现地区市场化、数字化均衡发展，增强区域创新能力，进一步提升旅游业整体创新水平。

坚持持续深化东、中部的市场化进程，大力促进西部市场化进程的总基调。以稳中求进，循序渐进的发展原则为指导，稳步推进东、中部地区市场化改革。

一是统一实施市场化要素改革。在全国统一大市场前提下，深化国有企业和金融机构体制改革，打破行政性垄断；从地区发展实际出发，加快发展技术要素市场、加快培育数据要素市场以拓展生产要素形态，逐步提高东、中部地区生产要素质量，稳步推进要素市场化配置改革。

二是着重推动西部地区旅游产业市场化进程。严格实施"一带一路"、"西部大开发"等重大战略，加强西部组织领导，推进市场化改革进程的实施；完善多层次资本市场体系，增强有效金融服务供给，主动有序扩大金融业对外开放，推进资本要素市场化配置；运用大数据、人工智能、云计算等数字技术增强西部地区紧缺要素应急配置能力。

三是注重对东部地区创新资源的优化配置，加大对中、西部地区创新资源的投入力度。中部地区有着较高的资源基础和资源共享水平，注重其创新资源的优化配置；对资源基础较差的西部地区，加大数字技术的采购及应用、知识资源的消化和吸收、资金资源的投入和吸引、物质资源的优化和再建，可有效提升地区创新资源的数量和质量。将资源创新优势通过市场化进程转化为现实生产力，提升旅游产业创新绩效。

第六节　增强旅游产业竞争力

数字经济时代，提升旅游产业竞争力有助于推动旅游产业创新。完善公共旅游服务设施、丰富优质产品供给、实施区域合作发展战略有利于推动旅游产业供给侧结构性改革，创新旅游产业新业态，构建地区特色旅游产业集群，进而增强旅游产业竞争力。

一、完善旅游公共服务设施

以国内大循环为主体，国内国际双循环相互促进的新发展格局要求全行业健全旅游基础设施和公共服务体系，推动旅游消费提质扩容。

一是加大力度推进旅游基础设施建设，完善城乡覆盖、全民共享、便捷实用的旅游基础设施网络。加快推进重点旅游景区交通集散枢纽建设，完善旅游交通"快进慢游"功能，加强公共交通同旅游景区连接，加快旅游景区索道建设。集中力量发展旅游基础设施较差的乡村地区，完善乡村旅游政策保障体系，统筹建设乡村道路、污水垃圾处理等基础设施。

二是优化旅游配套及公共设施布局。推动传统商业综合体转型升级为文旅商综合体，利用数字技术构建数据中心、云平台等数字设施，构建新型旅游消费聚集地。同周边地区协同合作促进区域一体化，打通"数字化采集—网络化传输—智能化运算"数字链条，构建地区旅游经济圈。科学规划建设旅游景区停车场、旅游厕所、标识系统、老年人和残疾人便利设施等，便利游客出行，满足其人文关怀的需要。

三是建立长效执法机制。旅游业是综合性服务产业，涉及多领域、多部门，监管难度大。因此，建立综合执法长效机制，加大旅游行业监管力度有利于提升旅游消费服务质量。针对旅行社、酒店、景区等旅游企业建立以游客为中心的旅游质量服务评价体系，切实维护消费者的合法权益。构建以旅游部门为主体，会同公安、工商、物价等部门综合执法的长效执法机制，提升旅游消费环境。

二、丰富优质旅游产品供给

一是提供优质旅游产品。坚持标准化和个性化的统一，结合地区特色及不同群体需求，推出优质旅游线路、项目等产品。深入挖掘地区旅游资源特色，以世界遗产地、国家AAAAA级景区等重要旅游资源为基础，开发地区特色旅游路线，深入展示旅游资源所蕴含的优质文化内涵，促进优质文化在旅游过程中的传播。

二是打造特色旅游产品。依托城市特色文化、特色商业设施和美食等资源，优化公共交通等服务设施，完善公共服务设施的旅游功能，打造文化特色鲜明的旅游休闲城市，以满足居民休闲生活及旅游度假需求。实施精品工程，提升旅游产品结构，打造旅游精品路线，构建全方位、多层次的旅游品牌。

三是开发升级旅游产品。拓展第五代移动通信（5G）、大数据、云计算、物联网等数字技术手段在文化旅游、休闲旅游、乡村旅游等方面的应用，创新智慧旅游新业态。利用数字技术开发数字化旅游体验产品，提供交互式旅游体验、虚拟展示、语音导览等旅游服务；利用数字技术提高旅游宣传推广的针对性及有效性；利用数字技术开发旅游监管平台，实现旅游产品即时反馈和升级。

三、实施区域合作战略

纵观人类发展历史，单个区域的发展，离不开宏观的区域背景。产业集群是产业组织的一种高级形态，是区域内联系密切的组织集聚、合作、竞争的产物，可有效提升产业抗风险能力。故实施区域合作战略，打造特色旅游产业集群可有效提升旅游产业竞争能力。

一方面，各地区要明确在参与国际旅游地域分工和国内旅游地域合作中的地位，以壮大地区旅游产业的空间辐射能力和产业带动力，推动旅游产业合理布局和资源配置。主动融入国际旅游发展格局，参与国际旅游地域合作，推动构建区域合作联盟，在区域合作联盟中发挥旅游目的地优势，进而在国际旅游中产生独特影响力；主动同周边地区构建旅游经济带，如长江旅游经济带、京津冀旅游圈等，吸引国内旅游市场，构建国家级旅游目的地。另一方面，充分利用地区资源优势打造特色旅游产业集群以提高旅游产业抗风险能力，进而提升旅游产业竞争力。对已经出现明显产业集聚现象的地区，通过兼并重组等方式组建大型旅游企业集团，加快旅游企业的集聚；对出现产业集聚态势的地区，加快旅游产业发展速度，从资源优势、产业融合、区域空间产业的高度集聚性等方面促进旅游产业集群化发展；对无旅游产业集聚苗头的地区，依托资源优势，凸显旅游业的主导地位，打造核心旅游产品，推动"旅游+"融合发展，促进旅游产业集群化发展。

第七节　本章小结

本章提出了数字经济背景下旅游产业高质量发展的策略建议。策略建议主要内容如下：

　　第一，从加强数字经济基础设施建设、推进数字产业融合进程、积极应对数字经济发展面临的挑战三方面入手，推动数字经济高质量发展。

　　第二，打造高水平的旅游经济韧性。首先，通过提高旅游产业数字技术构成和优化旅游产业数字资源配置推动旅游产业结构优化；其次，从创新旅游产业发展模式、提升资源获取能力、打造优质的政策环境等方面入手，促进旅游产业创新能力提升；再次，增加旅游产业人力资源，主要包括提升旅游产业人力资源质量和扩大旅游产业人力资源数量两方面；最后，通过建立区域战略联盟、搭建省域资源共享平台、实施对口支援等战略，推进省域联合发展，实现互利共赢。

　　第三，促进旅游产业资源共享。主要包括促进旅游产业信息资源、知识资源、资金资源、物质资源共享四方面。

　　第四，提升旅游产业创新能力。主要包括三大措施：一是从资源共享的角度启发创新，二是营造旅游产业创新环境，三是培育旅游产业创新人才。

　　第五，通过增强旅游市场主体活力、深化生产要素市场改革、实施差异化市场改革等措施推动旅游产业市场化进程。

　　第六，增强旅游产业竞争力。这需要依靠完善旅游公共服务设施、丰富优质旅游产品供给、实施区域合作战略等措施来实现。

第九章 研究结论与展望

第一节 研究结论

一、数字经济对旅游经济韧性的影响

本研究依据文献扎根分析法，按照综合性、科学性、层次性和可操作性的原则，构建了旅游经济韧性综合评价指标体系，并以中国的30个省份（西藏、港澳台地区由于数据缺失暂不纳入研究范围）为研究对象，选取 2017—2022年为研究时间区间，测度并分析旅游经济韧性现状。并在此基础上，构建面板时间固定效应等计量模型，测度数字经济等研究变量，实证分析数字经济对旅游经济韧性的影响机制。最终得出以下结论。

旅游经济韧性的评价指标体系由抵御能力、恢复能力、重构能力、更新能力4个核心范畴、11个主范畴以及18个概念范畴构成，每个指标对旅游经济韧性的测度结果均有所影响。因此，旅游经济韧性是一系列复杂因素共同作用的结果。中国省域旅游经济韧性整体水平较低；空间上呈现"东高西低，南高北低，由东南沿海向西北内陆旅游经济韧性水平逐渐减弱，同时具有较强集聚性"的特征，区域发展不平衡现象较为突出，两极分化较为明显。旅游经济韧性水平与区域经济发展水平基本保持一致，即经济发展水平越好的省份，旅游经济韧性水平也较好。

数字经济发展水平评价指标体系从数字基础设施、数字产业融合、数字

发展环境三个维度出发，包括硬件设施、网络资源、数字产业化、产业数字化、创新能力、智力支持、政策支持7个一级指标和17个二级指标。随着时代发展，数字产业融合是数字经济发展水平测度的重要部分。中国各个省域数字经济的发展水平随时间变化呈现震荡波动，但波动幅度较小，保持着相对稳定的状态。2020年以后，数字经济的发展水平在逆势中依旧保持稳定，部分省份甚至呈现上升趋势，表明数字经济在外部危机冲击时仍能保持稳定发展，其本身具有较强的经济韧性。可见，数字经济是提升旅游经济韧性的有力抓手。

数字经济对旅游经济韧性的影响机制主要包括三个方面，分别是直接影响、间接影响和空间效应。在直接影响方面，数字经济对旅游经济韧性的提升存在显著的正向影响，高质量发展数字经济是提升旅游经济韧性的有力抓手。在间接影响方面，产业结构优化、创新能力、人力资源均是数字经济提升旅游经济韧性的有效中介机制。在空间效应方面，数字经济对旅游经济韧性存在负向的空间溢出效应，这可能是由于数字鸿沟、不良竞争等多种因素造成的。

数字经济下提升旅游经济韧性的路径有：一是通过加强数字经济基础设施建设、推进数字产业融合进程、积极应对数字经济发展带来的挑战以高质量发展数字经济。二是提高旅游产业数字技术构成和优化旅游产业资源配置，推动旅游产业链效率升级和供求协同，从而达到推动旅游产业结构优化的目的。三是通过创新旅游产业发展模式、提升资源获取能力、打造优质的政策环境，以强化数字经济对旅游产业创新能力的提升作用。四是从数量和质量两方面入手，增加旅游产业人力资源。五是通过建立区域战略联盟、搭建省域资源共享合作平台、实施对口支援战略等策略以推进良性的省域协同发展。

二、数字经济下资源共享对旅游产业创新的影响

旅游产业创新有助于旅游产业把握宏观发展机遇以应对数字经济下宏观环境变革给旅游产业发展带来的挑战。从共享和数字经济视角出发，选取中国31个省（区、市）为研究对象，在梳理相关文献的基础上，构建旅游产业

资源共享的概念模型，测算全国旅游产业资源共享的发展情况；构建资源共享对旅游产业创新的影响机制模型，并进行实证检验；根据实证结果提出促进旅游产业创新的针对性对策。主要研究结论如下。

首先，构建数字经济下旅游产业资源共享的概念模型和评价指标体系，运用熵值法实证分析中国31个省（区、市）旅游产业资源共享发展水平及其构成维度的发展水平。数字经济下资源共享的概念模型包括信息资源共享、知识资源共享、资金资源共享和物质资源共享四个维度，从这四个维度出发构建了资源共享的评价指标体系。从全国水平来看，全国资源共享水平呈现东部地区＞中部地区＞西部地区。从资源共享四个维度来看，全国各维度资源共享水平从大到小排序为物质资源共享＞信息资源共享＞资金资源共享＞知识资源共享。

其次，资源共享对旅游产业创新的影响机制包括两方面，分别是直接影响和间接影响。一方面，资源共享对旅游产业创新具有显著的正向促进作用；另一方面，旅游产业创新能力、旅游市场化进程和旅游产业竞争力在资源共享影响旅游产业创新过程中发挥重要中介作用，提升旅游产业创新能力、旅游市场化进程和旅游产业竞争力可提升中介机制以促进旅游产业创新。

最后，数字经济背景下推进旅游产业创新的路径有：一是通过提升信息技术应用程度、培育旅游共享平台、因地制宜强化基础支撑以促进数字技术在旅游产业的深度应用，提升旅游产业资源共享水平；二是从资源共享的角度启发创新，大力培育旅游产业创新人才、提供良好旅游产业创新环境以提升旅游产业创新能力；三是增强旅游市场主体活力、优化生产要素尤其是数据市场要素改革、实施差异化市场化改革以提升旅游产业市场化进程；四是通过完善旅游数字化公共服务设施、丰富数字化优质旅游产品供给、实施区域合作发展战略以提升地区及区域间旅游产业竞争力，促进区域旅游产业创新。

第二节　主要研究贡献

一、理论贡献

本研究利用文献扎根分析的定性研究方法，建立了更全面科学系统的旅游经济韧性评价指标体系。并在定性研究的基础上，对中国省域的旅游经济韧性进行了测度与分析，做到了定性研究与定量研究的有效结合。此外，本研究分析了当前中国旅游经济韧性的时空变化情况，得出中国旅游经济韧性在2017—2022年随时间变化属于波动下降的趋势这一结论，为科学的产业决策提供了理论依据。

本研究聚焦于数字经济发展的外部环境，在揭示出旅游经济韧性波动下降和数字经济本身具有较强经济韧性的结论后，探讨具有较强经济韧性的数字经济能否助力旅游经济韧性提升及其具体的影响机制。这突破了既有研究仅从旅游经济韧性内部视角研究其驱动力的局限性，为提升旅游经济韧性新路径提供理论借鉴。

本研究对直接影响机制、传导机制以及空间溢出效应进行了探讨，结果表明数字经济对旅游经济韧性具有显著正向影响，说明数字经济是提升旅游经济韧性的有效手段；促进产业结构优化、增强创新能力、增加人力资源是数字经济提升旅游经济韧性的有效间接手段；数字经济对旅游经济韧性的空间溢出效应为负，不同于以往数字经济能够产生正向空间溢出效应的结论，表明在空间层面数字经济对旅游经济韧性的影响有可能扩大区域差异。以上结论为利用数字经济改善旅游经济韧性的实践提供了理论遵循。

构建资源共享概念模型。在系统分析资源共享概念的基础上，基于我国国情及数字经济发展背景，从资源共享的功能、特征及目标等综合性角度出发提炼出资源共享的概念内涵，构建了旅游产业资源共享的概念模型。本书提出的资源共享的概念模型在一定程度上填补了旅游产业资源共享研究的空白。

从资源共享角度提出旅游产业创新机制。既有研究局限于传统工业经济理论、单一数字经济视角或共享经济视角，缺乏与共享经济和传统产业经济理论相结合的研究成果。本书为研究旅游产业创新提供了一个新的研究视角，是对共享经济理论和旅游产业创新理论的融合创新。

二、实践贡献

本研究对中国省域的旅游经济韧性进行评估，分析了旅游经济韧性的时空发展特征，明晰了中国整体及各个省份旅游经济韧性的发展现状，有利于政府部门科学决策。

（1）明晰了数字经济对旅游经济韧性的影响机制，为数字经济背景下提升旅游经济韧性提供了实施举措。具体包括推动数字经济高质量发展、积极推动旅游产业结构优化、促进旅游产业创新能力提升、增加旅游产业人力资源和推进省域联合发展。管理者和决策者可根据自身情况，结合本地的发展特色，确定合适的操作路径，以最优的方法最大化提升旅游经济韧性。

（2）测度了我国近五年资源共享平均得分情况及各维度资源共享得分情况。有助于厘清我国旅游产业资源共享发展现状，提出针对性的对策有助于推动旅游产业资源共享协调发展及整体水平提升。

（3）明晰了资源共享对旅游产业创新的影响机制问题，验证了市场化进程、产业创新能力和产业竞争力对于资源共享影响旅游产业创新的部分中介作用，为旅游产业更好发挥资源共享的作用提供了可能的渠道，为提高国内旅游产业创新水平提供经验证据。

（4）探究了我国不同地区资源共享对旅游产业创新的影响程度。研究发现全国范围内呈现西部地区大于东部地区，中部地区资源共享对旅游产业创新影响不显著。为该领域研究提供了动态分析视角，基于中国省际面板数据，实证检验了中国旅游产业发展影响机制，提出了相应应对对策，有助于各地区有针对性地提升全国旅游产业创新水平。

第三节　研究局限与展望

本书对数字经济下旅游产业高质量发展研究进行了探索，从旅游经济韧性和旅游产业创新两大维度进行了理论方面和实证方面的探讨，对此得出了相应的结论，有了一定的认识，但由于主客观原因，本书还存在一些不足之处，未来可进一步探索。

一是既有研究关于数字经济测算、旅游经济韧性测算以及资源共享测度的评价指标体系尚有完善空间。随着社会变化和经济发展，指标体系也应与时俱进。因此，本研究所建立的综合评价指标体系的普适性仍有待检验，对未来的研究仅可作为参考。

二是既有研究仅探讨了中介机制，对调节机制尚未展开研究。因此，未来研究可对数字经济影响旅游经济韧性的调节效应以及资源共享对旅游产业创新的调节机制展开深入研究。

三是受数据来源限制，研究范围着眼于中国省级单元。未来研究有待于拓展至市域范围和旅游企业等层面。

参考文献

［1］蔡超岳，唐健雄，何庆.中国旅游经济韧性与旅游发展质量的关系研究［J］.湖南师范大学自然科学学报，2024，47（1）：42-53.

［2］魏敏，魏海湘，黄海玉.疫情下旅游经济韧性与高质量发展［J］.旅游学刊，2022，37（9）：5-7.

［3］刘敏.协同创新的内涵与基本特征：以东莞横沥模具产业协同创新发展为例［J］.科技管理研究，2017，37（2）：17-21.

［4］史清琪，尚勇.中国产业技术创新能力研究［M］.北京：中国轻工业出版社，2000.

［5］吴松强，石岿然.集群创新的自组织机理研究［J］.科技管理研究，2008，28（10）：259-261.

［6］陈晓红，李杨扬，宋丽洁，等.数字经济理论体系与研究展望［J］.管理世界，2022，38（2）：208-224，13-16.

［7］陈晓红.数字经济时代的技术融合与应用创新趋势分析［J］.社会科学家，2018（8）：8-23.

［8］谢康，肖静华.面向国家需求的数字经济新问题、新特征与新规律［J］.改革，2022（1）：85-100.

［9］李晓华.数字经济新特征与数字经济新动能的形成机制［J］.改革，2019（11）：40-51.

［10］GÖCKE M. Various concepts of hysteresis applied in economics［J］. Journal of Economic Surveys，2002，16（2）：167-188.

［11］HOLLING C S. Resilience and stability of ecological systems［J］. Annual Review of Ecology and Systematics，1973，4：1-23.

［12］FLETCHER D，SARKAR M. Psychological resilience［J］. European Psychologist，2013，18（1）：12-23.

［13］HUNDT C，HOLTERMANN L. The role of national settings in the econom-ic resilience of regions—Evidence from recessionary shocks in Europe from 1990 to 2014［J］. Growth and Change，2020，51（1）：180-206.

［14］叶初升.中国的发展实践与发展经济学的理论创新［N］.光明日报，2019-11-01（11）.

［15］苏杭.经济韧性问题研究进展［J］.经济学动态，2015（8）：144-151.

［16］MARTIN R，SUNLEY P，GARDINER B，et al. How regions react to re-cessions：Resilience and the role of economic structure［J］. Regional Stud-ies，2016，50（4）：561-585.

［17］SIMMIE J，MARTIN R. The economic resilience of regions：Towards an evolutionary approach［J］. Cambridge Journal of Regions，Economy and Society，2010，3（1）：27-43.

［18］CUNNINGHAM N J. Industrial innovation［J］. Business History，1960，2（2）：97-100.

［19］MALERBA F. Sectoral systems of innovation and production［J］. Research Policy，2002，31（2）：247-264.

［20］本刊编辑部.新古典经济增长理论的缔造者：记1987年诺贝尔经济学奖获得者、美国经济学家罗伯特·默顿·索洛［J］.财政监督，2015（21）：20-23.

［21］刘伟，范欣.现代经济增长理论的内在逻辑与实践路径［J］.北京大学学报（哲学社会科学版），2019，56（3）：35-53.

［22］蓝庆新.数字经济是推动世界经济发展的重要动力［J］.人民论坛·学术前沿，2020（8）：80-85.

［23］FORMAN C. The digital economy：Business organization，production pro-cesses and regional developments by Edward J. malecki and Bruno moriset［J］. Journal of Regional Science，2010，50（3）：781-782.

［24］欧阳日辉.数字经济的理论演进、内涵特征和发展规律［J］.广东社会科学，2023（1）：25-35，286.

［25］马化腾，孟昭莉，闫德利，等.数字经济：中国创新增长新动能［M］.北京：中信出版社，2017.

［26］康铁祥.中国数字经济规模测算研究［J］.当代财经，2008（3）：118-121.

［27］金星晔，伏霖，李涛.数字经济规模核算的框架、方法与特点［J］.经济社会体制比较，2020（4）：69-78.

［28］许宪春，张美慧.中国数字经济规模测算研究：基于国际比较的视角［J］.中国工业经济，2020（5）：23-41.

［29］汤渌洋，鲁邦克，邢茂源，等.中国数字经济发展水平测度及动态演变分析［J］.数理统计与管理，2023，42（5）：869-882.

［30］李勇，蒋蕊，张敏，等.中国数字经济高质量发展水平测度及时空演化分析［J］.统计与决策，2023，39（4）：90-94.

［31］李洁，王琴梅.数字经济发展水平测度及时空演变［J］.统计与决策，2022，38（24）：73-78.

［32］罗良清，平卫英，张雨露.基于融合视角的中国数字经济卫星账户编制研究［J］.统计研究，2021，38（1）：27-37.

［33］向书坚，吴文君.中国数字经济卫星账户框架设计研究［J］.统计研究，2019，36（10）：3-16.

［34］张恪渝，武晓婷.基于投入产出表的中国数字经济卫星账户构建［J］.统计与决策，2023，39（5）：5-9.

［35］钟春平，刘诚，李勇坚.中美比较视角下我国数字经济发展的对策建议［J］.经济纵横，2017（4）：35-41.

［36］吴晓怡，张雅静.中国数字经济发展现状及国际竞争力［J］.科研管理，2020，41（5）：250-258.

［37］万晓榆，罗焱卿.数字经济发展水平测度及其对全要素生产率的影响效应［J］.改革，2022（1）：101-118.

［38］CROSS R. On the foundations of hysteresis in economic systems［J］. Economics and Philosophy，1993，9（1）：53-74.

［39］朱海艳，孙根年，李君轶.中国31省市国内旅游经济差异影响因素的空间计量研究［J］.干旱区资源与环境，2019，33（5）：197-202.

［40］赵黎明，焦珊珊，姚治国.中国旅游经济发展的分布动态演进［J］.干旱区资源与环境，2018，32（1）：181-188.

［41］王泽宇，王焱熙.中国海洋经济弹性的时空分异与影响因素分析［J］.经济地理，2019，39（2）：139-145，151.

［42］王倩，赵林，于伟，等.中国旅游经济系统韧性的时空变化特征与影响因素分析［J］.地理与地理信息科学，2020，36（6）：113-118.

［43］杨芮.长江经济带入境旅游经济韧性时空演化特征及提升策略［D］.南昌：江西财经大学，2022：5-10.

［44］BERGEIJK P A G，BRAKMAN S，MARREWIJK C. Heterogeneous economic resilience and the great recession's world trade collapse［J］. Papers in Regional Science，2017，96（1）：3-13.

［45］YU H C，LIU Y，LIU C L，et al. Spatiotemporal variation and inequality in China's economic resilience across cities and urban agglomerations［J］. Sustainability，2018，10（12）：4754.

［46］陈奕玮，丁关良.中国地级市城市经济韧性的测度［J］.统计与决策，2020，36（21）：102-106.

［47］董亚娟，张一荻.中国入境旅游经济韧性、效率提升与恢复性增长［J］.陕西师范大学学报（自然科学版），2023，51（2）：1-11.

［48］ZHANG P Y，HUANG Y M，PAN S P，et al. Does resilience exist in China's tourism economy? from the perspectives of resistance and recoverability［J］. Sustainability，2022，14（17）：10641.

［49］CUI W J，CHEN J，XUE T，et al. The economic resilience cycle evolution and spatial-temporal difference of tourism industry in Guangdong-Hong Kong-Macao greater bay area from 2000 to 2019［J］. Sustainability，2021，13（21）：12092.

［50］杨勇，邹永广，李媛，等.疫情冲击下我国省域旅游经济韧性空间差异

与组态影响研究 [J]. 地理与地理信息科学, 2022, 38 (5): 111-120.

[51] TSAO C Y, NI C C. Vulnerability, resilience, and the adaptive cycle in a crisis-prone tourism community [J]. Tourism Geographies, 2016, 18 (1): 80-105.

[52] 王明康, 梅青. 城市旅游经济系统韧性评价与驱动因素研究: 以济南市为例 [J]. 泰山学院学报, 2022, 44 (1): 52-62.

[53] 狄乾斌, 陈科其, 陈小龙. 疫情冲击下北京市旅游业经济韧性测度及其影响因素 [J]. 经济地理, 2023, 43 (1): 133-140.

[54] WATSON P, DELLER S. Tourism and economic resilience [J]. Tourism Economics, 2022, 28 (5): 1193-1215.

[55] PASCARIU G C, IBĂNESCU B C, NIJKAMP P, et al. Tourism and economic resilience: Implications for regional policies [M] //SUZUKI S, KOURTIT K, NIJKAMP P, eds. New Frontiers in Regional Science: Asian Perspectives. Singapore: Springer Singapore, 2021: 129-147.

[56] 陈晔, 贾骏骐. 数字经济下旅游目的地发展的新路径 [J]. 旅游学刊, 2022, 37 (4): 6-8.

[57] 魏翔. 数字旅游: 中国旅游经济发展新模式 [J]. 旅游学刊, 2022, 37 (4): 10-11.

[58] 冀雁龙, 李金叶. 数字经济发展对旅游经济增长的影响研究 [J]. 技术经济与管理研究, 2022 (6): 13-18.

[59] 赵磊. 数字经济赋能旅游业高质量发展的内涵与维度 [J]. 旅游学刊, 2022, 37 (4): 5-6.

[60] BUHALIS D. Strategic use of information technologies in the tourism industry [J]. Tourism Management, 1998, 19 (5): 409-421.

[61] KWOK A O J, KOH S G M. Is blockchain technology a watershed for tourism development [J]. Current Issues in Tourism, 2018, 22: 2447-2452.

[62] KWOK A O J, KOH S G M. Is blockchain technology a watershed for tourism development? [J]. Current Issues in Tourism, 2019, 22 (20):

2447-2452.

[63] 杨勇. 互联网促进旅游业提质增效了吗？：基于我国省级面板数据的实证分析 [J]. 旅游学刊，2020，35（1）：32-46.

[64] 刘震，杨勇，眭霞芸. 互联网发展、市场活力激发与旅游经济增长：基于空间溢出视角的分析 [J]. 旅游科学，2022，36（2）：17-43.

[65] HOJEGHAN S B，ESFANGAREH A N. Digital economy and tourism impacts，influences and challenges [J]. Procedia-Social and Behavioral Sciences，2011，19：308-316.

[66] 宋瑞. 数字经济下的旅游治理：挑战与重点 [J]. 旅游学刊，2022，37（4）：11-12.

[67] 徐圆，张林玲. 中国城市的经济韧性及由来：产业结构多样化视角 [J]. 财贸经济，2019，40（7）：110-126.

[68] BRISTOW G，HEALY A. Innovation and regional economic resilience：An exploratory analysis [J]. The Annals of Regional Science，2018，60（2）：265-284.

[69] 张少华，陈治. 数字经济与区域经济增长的机制识别与异质性研究 [J]. 统计与信息论坛，2021，36（11）：14-27.

[70] 李治国，车帅，王杰. 数字经济发展与产业结构转型升级：基于中国275个城市的异质性检验 [J]. 广东财经大学学报，2021，36（5）：27-40.

[71] 荆林波. 韧性城市的理论内涵、运行逻辑及其在数字经济背景下的新机遇 [J]. 贵州社会科学，2021（1）：108-115.

[72] 张春敏. 数字化转型中韧性城市建设的制度基础、演化机制与现实路径 [J]. 贵州社会科学，2021（7）：123-130.

[73] 崔耕瑞. 数字金融能否提升中国经济韧性 [J]. 山西财经大学学报，2021，43（12）：29-41.

[74] 陈胜利，王东. 数字经济对经济韧性的影响效应及作用机制 [J]. 工业技术经济，2022，41（6）：26-34.

[75] 尹志锋，叶静怡，黄阳华，等. 知识产权保护与企业创新：传导机制及

其检验 [J]. 世界经济，2013，36（12）：111-129.

[76] 魏浩，巫俊. 知识产权保护、进口贸易与创新型领军企业创新 [J]. 金融研究，2018（9）：91-106.

[77] 王钰，胡海青. 知识产权保护与新创企业绩效：创业导向与社会责任的中介效应 [J]. 科技进步与对策，2021，38（4）：62-69.

[78] 童红霞. 数字经济环境下知识共享、开放式创新与创新绩效：知识整合能力的中介效应 [J]. 财经问题研究，2021（10）：49-61.

[79] 赵艺璇，成琼文. 知识网络嵌入、知识重组与企业中心型创新生态系统价值共创 [J]. 经济与管理研究，2021，42（10）：88-107.

[80] 袁磊. "内向型" 开放创新过程中外部资源的获取和开发机制研究：基于组织分权和知识共享的视角 [J]. 研究与发展管理，2017，29（3）：64-75.

[81] 黄世政，周家贤，朱炎亮. 技术创新能力对创新资源与企业绩效关系的中介效应：以珠三角制造业为例 [J]. 科技进步与对策，2017，34（23）：64-70.

[82] 郭卫东，侯俊霞. 双创背景下关键资源获取对新创企业成长绩效的影响：基于动态能力的中介效应 [J]. 首都经济贸易大学学报，2021，23（3）：86-100.

[83] 宋超. 创新资源共享与关系韧度视角下价值共创对电商平台创新绩效的影响机制 [J]. 商业经济研究，2022（21）：90-93.

[84] 邱洋冬. 数字化变革与企业创新：知识来源视角 [J]. 兰州学刊，2022（7）：58-79.

[85] 李琦，刘力钢，邵剑兵. 数字化转型、供应链集成与企业绩效：企业家精神的调节效应 [J]. 经济管理，2021，43（10）：5-23.

[86] 范群林，吴花平，邵云飞. 文化科技产业中企业家精神与技术创新能力之间的中介作用 [J]. 财会月刊，2015（30）：29-33.

[87] DA SILVA ANDRADE L P C, DA SILVA R C, MASCARENHAS L A B, et al. Proposal of an innovative environment for supporting production scale-

up, including design, prototyping, manufacturing, assembly, testing, and certification of products that require special conditions [J]. Procedia CIRP, 2016, 41: 177-182.

[88] 高磊, 郗永勤. 基于熵权TOPSIS法的福建省产业技术创新能力评价 [J]. 科技和产业, 2012, 12 (12): 92-96.

[89] 李赛赛, 陈宏平. 中国集成电路产业技术创新能力测度与评价 [J]. 科技创新与应用, 2020, 10 (7): 28-32.

[90] 崔安福. 政策顶层设计背景下粤港澳大湾区体育旅游PEST分析 [J]. 广州体育学院学报, 2021, 41 (2): 37-39, 98.

[91] 沈梦涵, 张建国. 基于PEST模型的德清休闲农业发展战略研究 [J]. 中国农业资源与区划, 2017, 38 (10): 99-106.

[92] 邓莹. 成渝地区双城经济圈健康产业与旅游产业融合的时空特征及影响因素研究 [D]. 重庆: 重庆交通大学, 2023.

[93] 徐岸峰, 任香惠, 王宏起. 数字经济背景下智慧旅游信息服务模式创新机制研究 [J]. 西南民族大学学报 (人文社会科学版), 2021, 42 (11): 31-43.

[94] 王岚. 数字红利与新数字鸿沟: 数字时代服务业技能人才的机遇、挑战与培养路径 [J]. 中国职业技术教育, 2022 (22): 58-64, 82.

[95] 孙盼盼, 林志斌. 数字科技驱动旅游创新发展和居民幸福感提升 [J]. 旅游学刊, 2023, 38 (6): 6-7.

[96] 李海峰, 王炜. 为什么要共享知识?: 基于系统文献综述法的虚拟学习社区知识共享影响因素探析 [J]. 中国远程教育 (综合版), 2021 (11): 38-47, 77.

[97] GLASER B G, STRAUSS A L, STRUTZEL E. The discovery of grounded theory; strategies for qualitative research [J]. Nursing Research, 1968, 17 (4): 364.

[98] 翟美丽. 基于文献扎根分析法的科研人员科学数据重用行为研究 [J]. 情报探索, 2022 (10): 28-37.

[99] 李志刚. 扎根理论方法在科学研究中的运用分析 [J]. 东方论坛，2007 (4)：90-94.

[100] 乔花芳，谢双玉，曾菊新. 湖北省旅游经济的空间非均衡性演化及影响因素 [J]. 地域研究与开发，2018，37 (5)：100-105.

[101] 詹军. 长江三角洲城市群旅游经济差异及影响因素研究 [J]. 世界地理研究，2018，27 (3)：120-130.

[102] 荣培君，沈威，赵晴晴. 黄河流域旅游经济空间分异及其影响因素研究 [J]. 信阳师范学院学报（自然科学版），2023，36 (1)：59-67.

[103] 唐业喜，汤昇，伍招妃，等. 武陵山片区旅游经济时空差异与影响因素研究 [J]. 资源开发与市场，2021，37 (2)：240-245，256.

[104] 崔丹，李沅曦，吴殿廷. 京津冀地区旅游经济增长的时空演化及影响因素 [J]. 地理学报，2022，77 (6)：1391-1410.

[105] 谭俊涛，赵宏波，刘文新，等. 中国区域经济韧性特征与影响因素分析 [J]. 地理科学，2020，40 (2)：173-181.

[106] 王淑新，王学定，徐建卫. 西部地区旅游经济空间变化趋势及影响因素研究 [J]. 旅游科学，2012，26 (6)：55-67.

[107] 吴晋，龚新蜀. 新疆旅游经济影响因素实证分析 [J]. 价格月刊，2012 (3)：71-74.

[108] DOGRU T, MARCHIO E A, BULUT U, et al. Climate change: Vulnerability and resilience of tourism and the entire economy [J]. Tourism Management, 2019, 72: 292-305.

[109] FITCHETT J, HOOGENDOORN G. An analysis of factors affecting tourists' accounts of weather in South Africa [J]. International Journal of Biometeorology, 2018, 62 (12): 2161-2172.

[110] 王瑞琪. 城市旅游韧性评估研究：以辽宁省沿海城市为例 [D]. 大连：辽宁师范大学，2022：14-17.

[111] 张建伟，久毛措，张姝颖. "一带一路" 沿线西部省（区）旅游经济发展效率时空特征及其影响因素研究 [J]. 青海民族大学学报（社会科

学版），2022，48（4）：29-38.

[112] 乔花芳，高茜茜，谢双玉，等.长江经济带旅游经济的时空分异及影响因素研究［J］.华中师范大学学报（自然科学版），2019，53（5）：735-744，754.

[113] 陈泽侠.长三角地区高质量发展对城市经济韧性的影响：数字经济的中介作用与制度环境的调节效应［D］.金华：浙江师范大学，2022：15-50.

[114] 田里，李佳.四川藏区贫困地区旅游经济差异及其影响因素［J］.广西民族大学学报（哲学社会科学版），2018，40（6）：22-29.

[115] 杨兴雨，田波，张凤太，等.中国旅游经济发展差异时空演变及影响因素研究［J］.资源开发与市场，2022，38（6）：745-751.

[116] 邵秀英，冯敬，王阳华.山西省旅游经济韧性时空特征及影响因素研究［J］.国土资源科技管理，2022，39（6）：96-111.

[117] 赵金金.中国区域旅游经济增长的影响因素及其空间溢出效应研究：基于空间杜宾面板模型［J］.软科学，2016，30（10）：53-57.

[118] 孙久文，陈超君，孙铮.黄河流域城市经济韧性研究和影响因素分析：基于不同城市类型的视角［J］.经济地理，2022，42（5）：1-10.

[119] 谢朝武，赖菲菲，黄锐.疫情危机下旅游韧性体系建设与旅游高质量发展［J］.旅游学刊，2022，37（9）：3-5.

[120] 邓爱民，李鹏.中国旅游经济影响因素分析与实证研究［J］.宏观经济研究，2022（3）：106-115，137.

[121] 王淑新，何元庆，王学定.中国旅游经济的区域发展特征及影响因素实证研究［J］.商业经济与管理，2011（4）：89-96.

[122] 崔文静，薛涛.粤港澳大湾区旅游产业经济韧性影响因素研究［J］.特区经济，2021（12）：26-32.

[123] 张跃胜，邓帅艳，张寅雪.城市经济韧性研究：理论进展与未来方向［J］.管理学刊，2022，35（2）：54-67.

[124] BOSCHMA R. Towards an evolutionary perspective on regional resilience

[J]. Regional Studies, 2015, 49 (5): 733-751.

[125] 庞冬彦, 赵林, 于伟, 等. 山东省旅游经济系统的韧性测度与障碍因素分析 [J]. 资源与产业, 2021, 23 (3): 50-59.

[126] 张众. 基于灰色关联分析法的河南省旅游经济增长影响因素探讨 [J]. 商业时代, 2013 (31): 140-141.

[127] 暴向平, 张学波. 内蒙古经济韧性时空演化与影响因素分析 [J]. 资源开发与市场, 2021, 37 (9): 1059-1065.

[128] MARTIN R. Regional economic resilience, hysteresis and recessionary shocks [J]. Journal of Economic Geography, 2012, 12 (1): 1-32.

[129] 郭峰, 王靖一, 王芳, 等. 测度中国数字普惠金融发展: 指数编制与空间特征 [J]. 经济学 (季刊), 2020, 20 (4): 1401-1418.

[130] 屈小娥, 马黄龙, 王晓芳. 省域经济高质量发展水平综合评价 [J]. 统计与决策, 2022, 38 (16): 98-103.

[131] 宋乔娜, 邱栋. 数字平台对区域韧性的强化作用: 基于新冠肺炎疫情初期中国与新加坡的比较 [J]. 海峡科学, 2021 (7): 41-46.

[132] 邱栋, 陈明礼. 数字平台生态系统驱动区域韧性发展的机理研究 [J]. 自然辩证法研究, 2020, 36 (10): 37-41.

[133] 胡艳, 陈雨琪, 李彦. 数字经济对长三角地区城市经济韧性的影响研究 [J]. 华东师范大学学报 (哲学社会科学版), 2022, 54 (1): 143-154, 175-176.

[134] 刘平峰, 张旺. 数字技术如何赋能制造业全要素生产率? [J]. 科学学研究, 2021, 39 (8): 1396-1406.

[135] 潘士远, 史晋川. 内生经济增长理论: 一个文献综述 [J]. 经济学 (季刊), 2002, 2 (3): 753-786.

[136] HEO P S, LEE D H. Evolution of the linkage structure of ICT industry and its role in the economic system: The case of Korea* [J]. Information Technology for Development, 2019, 25 (3): 424-454.

[137] 丛屹, 俞伯阳. 数字经济对中国劳动力资源配置效率的影响 [J]. 财经

理论与实践，2020，41（2）：108-114.

[138] 裴莹，郭周明. 数字经济推进我国中小企业价值链攀升的机制与政策研究 [J]. 国际贸易，2019（11）：12-20，66.

[139] 乔伟桐，高楠，张新成. 黄河流域旅游产业韧性的时空分异特征及门槛效应分析 [J]. 统计与决策，2023，39（2）：58-63.

[140] 温珺，阎志军，程愚. 数字经济与区域创新能力的提升 [J]. 经济问题探索，2019（11）：112-124.

[141] 张旭亮，史晋川，李仙德，等. 互联网对中国区域创新的作用机理与效应 [J]. 经济地理，2017，37（12）：129-137.

[142] 王莉娜，张国平. 信息技术、人力资本和创业企业技术创新：基于中国微观企业的实证研究 [J]. 科学学与科学技术管理，2018，39（4）：111-122.

[143] 宋志静. 基于产业结构调整的人力资源结构优化研究：北京市通州区个案研究 [D]. 北京：首都经济贸易大学，2015.

[144] 朱金鹤，孙红雪. 数字经济是否提升了城市经济韧性？ [J]. 现代经济探讨，2021（10）：1-13.

[145] O'BRIEN R. Global financial integration：the end of geography [M]. New York：Council on Foreign Relations Press，1992

[146] 何大安，任晓. 互联网时代资源配置机制演变及展望 [J]. 经济学家，2018（10）：63-71.

[147] 赵增耀，章小波，沈能. 区域协同创新效率的多维溢出效应 [J]. 中国工业经济，2015（1）：32-44.

[148] 刘琪，张磊，杨淋杰. 我国数字经济发展对旅游效率的空间效应研究 [J]. 河南科技学院学报，2021，41（9）：10-18.

[149] 赵涛，张智，梁上坤. 数字经济、创业活跃度与高质量发展：来自中国城市的经验证据 [J]. 管理世界，2020，36（10）：65-76.

[150] 张欣艳，谢璐华，肖建华. 政府采购、数字经济发展与产业结构升级 [J]. 当代财经，2024（3）：43-55.

[151] CELLINI R, CUCCIA T. The economic resilience of tourism industry in Italy: What the 'great recession' data show [J]. Tourism Management Perspectives, 2015, 16: 346-356.

[152] 余凤龙, 王英利. 江苏沿海区域旅游经济发展特征、影响因素与对策研究 [J]. 资源开发与市场, 2016, 32 (2): 244-248.

[153] 于伟, 张鹏. 我国省域旅游经济发展差异演变和解释: 结构和影响因素的双重考察 [J]. 干旱区资源与环境, 2015, 29 (10): 192-196.

[154] 鲁玉秀. 数字经济对城市经济高质量发展影响研究: 基于数字产业化与产业数字化的双重视角 [D]. 成都: 西南财经大学, 2022.

[155] LO S T, SUTTHIPHISAL D. Crossover inventions and knowledge diffusion of general purpose technologies: Evidence from the electrical technology [J]. The Journal of Economic History, 2010, 70 (3): 744-764.

[156] 冀雁龙, 夏青. 数字技术驱动下旅游发展对经济增长的影响 [J]. 旅游研究, 2023, 15 (3): 1-15.

[157] 吴丹丹, 冯学钢, 马仁锋, 等. 数字经济发展对旅游业全要素生产率的非线性效应 [J]. 旅游学刊, 2023, 38 (2): 47-65.

[158] 王宏伟. 信息产业与中国经济增长的实证分析 [J]. 中国工业经济, 2009 (11): 66-76.

[159] 昌忠泽, 孟倩. 信息技术影响产业结构优化升级的中介效应分析: 来自中国省级层面的经验证据 [J]. 经济理论与经济管理, 2018, 38 (6): 39-50.

[160] 黄群慧, 余泳泽, 张松林. 互联网发展与制造业生产率提升: 内在机制与中国经验 [J]. 中国工业经济, 2019 (8): 5-23.

[161] NUNN N, QIAN N. US food aid and civil conflict [J]. American Economic Review, 2014, 104 (6): 1630-1666.

[162] 姜磊. 空间回归模型选择的反思 [J]. 统计与信息论坛, 2016, 31 (10): 10-16.

[163] BÉTOURNÉ C, BOULENGER J, FERRIÉ J, et al. Process management

and resource sharing in the multiaccess system in ESOPE [J]. Communications of the ACM，1970，13（12）：727–733.

[164] KENT A. Library resource sharing networks：How to make a choice [J]. Library Acquisitions：Practice & Theory，1978，2（2）：69–76.

[165] GRANOVETTER M. Economic action and social structure：The problem of embeddedness [J]. American Journal of Sociology，1985，91（3）：481–510.

[166] 戚湧，张明，丁刚. 基于博弈理论的协同创新主体资源共享策略研究 [J]. 中国软科学，2013（1）：149–154.

[167] 李若池. 数字化科学教育资源共建共享机制研究 [D]. 武汉：华中师范大学，2021.

[168] AMIT R，SCHOEMAKER P J H. Strategic assets and organizational rent [J]. Strategic Management Journal，1993，14（1）：33–46.

[169] GRANT R M. The resource-based theory of competitive advantage：Implications for strategy formulation [J]. California Management Review，1991，33（3）：114–135.

[170] WILSON H I M，APPIAH-KUBI K. Resource leveraging via networks by high-technology entrepreneurial firms [J]. The Journal of High Technology Management Research，2002，13（1）：45–62.

[171] GALBREATH J. Which resources matter the most to firm success? An exploratory study of resource-based theory [J]. Technovation，2005，25（9）：979–987.

[172] HALL R. The strategic analysis of intangible resources [J]. Strategic Management Journal，1992，13（2）：135–144.

[173] 赵道致，孙建勇. 面向MICK-4FI模式的资源分类研究 [J]. 软科学，2007，21（2）：8–11.

[174] 孟彩萍，吴成基，彭永祥. 壶口瀑布旅游资源共享问题探讨 [J]. 经济地理，2003，23（4）：551–553，557.

[175] 钟华. 旅游业人才派遣探析 [J]. 特区经济，2006（3）：228-229.

[176] SCOTT N，LAWS E. Knowledge sharing in tourism and hospitality [J]. Journal of Quality Assurance in Hospitality & Tourism，2006，7（1/2）：1-12.

[177] WANG R H. Evolutionary game of knowledge sharing in master-apprentice pattern of innovative organization [J]. International Journal of Innovation Science，2019，11（3）：436-453.

[178] 王惠，马斌，刘晓宇. 基于信息共享的旅游产业供应链信息资源整合问题研究：以山西省为例 [J]. 物流技术，2014，33（1）：345-348，353.

[179] 肖花. 协同理论视角下的突发事件应急处置信息资源共享研究 [J]. 现代情报，2019，39（3）：109-114.

[180] BARUT M，FAISST W，KANET J J. Measuring supply chain coupling：An information system perspective [J]. European Journal of Purchasing & Supply Management，2002，8（3）：161-171.

[181] 彭正龙，王海花，蒋旭灿. 开放式创新模式下资源共享对创新绩效的影响：知识转移的中介效应 [J]. 科学学与科学技术管理，2011，32（1）：48-53.

[182] 姜晓丽. 高技术虚拟产业集群资源整合机制及信息平台研究 [D]. 哈尔滨：哈尔滨理工大学，2012.

[183] 徐国超. 马克思"共享理念"的三重维度：以哈特和奈格里为视角 [J]. 重庆邮电大学学报（社会科学版），2017，29（5）：89-94.

[184] 于昆. 实现共享发展的三个维度 [J]. 中国高校社会科学，2016（5）：21-25.

[185] 李纲，李新生，陈颖. 论信息资源共享及其效率 [J]. 中国图书馆学报，2001，27（3）：40-42.

[186] 刘晓英，文庭孝. 知识资源共享及其动力机制研究 [J]. 情报理论与实践，2008，31（3）：356-359.

[187] 樊宇澜. 粤港澳大湾区旅游资源共享战略研究 [J]. 中国商论，2019

（10）：80-82.

［188］南岚.港口物流产业集群物质资源共享机制研究［J］.中国物流与采购，2009（21）：72-73.

［189］王兆峰，杜瑶瑶.长江中游城市群交通—旅游产业—生态环境的耦合协调评价研究［J］.长江流域资源与环境，2020，29（9）：1910-1921.

［190］吴翌琳.国家数字竞争力指数构建与国际比较研究［J］.统计研究，2019，36（11）：14-25.

［191］黄梅.“一带一路”背景下西南地区旅游目的地竞争力研究：基于投入产出视角的实证分析［J］.云南行政学院学报，2016，18（3）：171-176.

［192］花菲菲，马耀峰.入境旅游流“驱动力—状态—响应”模型构建［J］.资源开发与市场，2016，32（10）：1238-1243.

［193］陈万明，池倩文，钱梦烨，等.创业资源共享对大学生创业绩效的影响：基于有调节的中介模型［J］.技术经济，2019，38（6）：90-98.

［194］徐杰，魏敏，杨翼飞.中国旅游产业升级水平的测度分析［J］.统计与决策，2021，37（6）：130-133.

［195］孙媛媛.信息化对我国旅游市场影响的实证分析［J］.旅游科学，2016，30（3）：1-12，27.

［196］（英）彭罗斯 伊迪丝 Penrose，Edith，赵晓.企业成长理论［M］.上海：上海人民出版社，2007.

［197］冷凯君，杨首熙，雷雨亭，等.资源共享视角下联盟网络对企业绩效影响的实证研究：以中小型物流企业为例［J］.物流工程与管理，2022，44（8）：102-106.

［198］陈波.我国生物医药产业创新平台运行绩效的实证研究［J］.上海经济，2018（3）：86-96.

［199］李军，胡璠，李汉.知识共享视角下人力资源管理实践对创新绩效的影响研究［J］.湘潭大学学报（哲学社会科学版），2014，38（2）：46-50.

［200］WAMBA S F, GUNASEKARAN A, AKTER S, et al. Big data analytics and firm performance：Effects of dynamic capabilities ［J］. Journal of Business Research，2017，70：356-365.

［201］杨晓璇，洪名勇，蔡艳. 产能过剩与市场化程度关联性研究：一个典型事实 ［J］. 中国集体经济，2018（21）：12-14.

［202］乔晗，李卓伦，黄朝椿. 数据要素市场化建设的影响因素与提升路径：基于复杂经济系统管理视角的组态效应分析 ［J］. 外国经济与管理，2023，45（1）：38-54.

［203］柳志娣，张骁. 互联网发展、市场化水平与中国产业结构转型升级 ［J］. 经济与管理研究，2021，42（12）：22-34.

［204］戴魁早，刘友金. 行业市场化进程与创新绩效：中国高技术产业的经验分析 ［J］. 数量经济技术经济研究，2013，30（9）：37-54.

［205］阚大学. 对外直接投资、市场化进程与内资企业技术创新：基于省级大中型工业企业面板数据的实证研究 ［J］. 研究与发展管理，2014，26（5）：14-22.

［206］胡畅，曹虹剑，戴家武. 市场化进程、R&D活动与中国高技术产业出口复杂度 ［J］. 商业经济，2019（7）：78-83.

［207］康健. 资源获取视角下战略性新兴产业创新能力提升 ［J］. 科研管理，2017，38（S1）：39-45.

［208］王珊珊，任佳伟，许艳真. 开放式创新下新兴产业创新特点与能力评价指标研究 ［J］. 科技进步与对策，2014，31（19）：57-61.

［209］王德刚. 互联网对旅游业创新能力提升的促进作用 ［J］. 旅游学刊，2016，31（5）：7-8.

［210］陈雪钧，李莉. 共享经济下康养旅游产业创新发展模式研究 ［J］. 企业经济，2021，40（12）：152-160.

［211］王玉梅，孙珊，杨皎平，等. 高技术产业创新能力评价指标体系构建 ［J］. 财会月刊，2020（4）：69-75.

［212］朱巍，刘青，程艳，等. 运用互联网与大数据推进产业发展的路径分析：以湖北省为例 ［J］. 科技进步与对策，2017，34（24）：64-70.

[213] 马为彪，吴玉鸣. 数字经济发展对中国城市创新能力的影响 [J]. 经济体制改革，2022（6）：43-51.

[214] SHEHZAD M U, ZHANG J H, ALAM S, et al. Determining the role of sources ofknowledge and IT resources for stimulating firm innovation capability: A PLS-SEM approach [J]. Business Process Management Journal, 2022, 28（4）：905-935.

[215] 霍沛. 知识共享视域下的新型产业创新生态系统研究：以科大讯飞成长为例 [J]. 科学管理研究，2021，39（5）：65-71.

[216] 杨春宇，邢洋，左文超，等. 文化旅游产业创新系统集聚研究：基于全国31省市的PEF实证分析 [J]. 旅游学刊，2016，31（4）：81-96.

[217] 李莉，陈雪钧. 康养旅游产业创新发展的动力因素研究：基于共享经济视角 [J]. 技术经济与管理研究，2021（4）：36-40.

[218] 彭满如，陈婕，殷俊明. ESG表现、创新能力与企业绩效 [J]. 会计之友，2023（7）：11-17.

[219] 乔鹏程，张岩松. 企业数字化转型、动态能力与创新绩效 [J]. 财会月刊，2023（5）：145-152.

[220] 陈彦桦. 创新政策对服务业企业绩效的影响机制：以产品与服务创新能力为中介 [J]. 科研管理，2023，44（2）：108-115.

[221] WANG C L, AHMED P K. Dynamic capabilities: A review and research agenda [J]. International Journal of Management Reviews, 2007, 9（1）：31-51.

[222] 阳红林，郑然宅. 我国"体育+旅游"竞争力影响因子实证分析 [J]. 广州体育学院学报，2019，39（2）：30-34.

[223] 钟海富，邹楚帆，王芳，等. 技术创新、核心竞争力与公司业绩：来自广西区上市公司的经验证据 [J]. 会计之友，2017（5）：57-61.

[224] BHARADWAJ A S. A resource-based perspective on information technology capability and firm performance: An empirical investigation [J]. MIS Quarterly, 2000, 24（1）：169.

[225] 程龙，唐恒.禀赋结构、创新模式选择与产业创新绩效：基于江苏省的实证研究 [J].中国科技论坛，2021（10）：83-93.

[226] 唐夕汐，夏青.旅游创新对经济增长影响的实证分析 [J].统计与决策，2021，37（20）：117-119.

[227] BUSSE M，HEFEKER C. Political risk，institutions and foreign direct investment [J]. European Journal of Political Economy，2007，23（2）：397-415.

[228] 姚震宇.区域市场化水平与数字经济竞争：基于数字经济指数省际空间分布特征的分析 [J].江汉论坛，2020（12）：23-33.

[229] 梁琳，吴昊.东北三省高技术产业技术创新能力及制约因素研究 [J].当代经济研究，2018（10）：60-66.

[230] HENDERSON J V. Marshall's scale economies [J]. Journal of Urban Economics，2003，53（1）：1-28.

[231] 王威.推进数字基础设施建设 打牢数字经济发展底座 [J].数据，2022（5）：9-11.

[232] "十四五"数字经济发展规划 [J].中小企业管理与科技，2022（11）：1-8.

[233] 赵鹏.后疫情时代数字经济发展新趋势新机遇与建议 [J].浙江经济，2020（5）：32-35.

[234] 倪伟民，孙钰.激活数据要素潜能 塑造发展新优势 [J].浙江经济，2021（10）：54-55.

[235] 郭进.上海推进产业数字化转型的思路与对策 [J].科学发展，2022（8）：11-21.

[236] 黄蕊，李雪威.数字技术提升中国旅游产业效率的机理与路径 [J].当代经济研究，2021（2）：75-84.

[237] 程学旗，靳小龙，杨婧，等.大数据技术进展与发展趋势 [J].科技导报，2016，34（14）：49-59.

[238] NAVÍO-MARCO J，RUIZ-GÓMEZ L M，SEVILLA-SEVILLA C. Prog-

ress in information technology and tourism management：30 years on and 20 years after the Internet－revisiting buhalis & law's landmark study about eTourism［J］. Tourism Management，2018，69：460-470.

[239] 王慧娴，张辉.市场主导视角下的中国旅游业多主体改革研究［J］.经济问题，2014（10）：122-129.

[240] 许丽君，袁敬诚，李超，等.生产要素市场化与国土空间规划响应机制研究：以欠发达地区为例［J］.城市规划，2023，47（3）：45-55.

[241] 刘翔峰，刘强.要素市场化配置改革研究［J］.宏观经济研究，2019（12）：34-47，166.

[242] 夏杰长.经济新常态背景下扩大旅游消费的对策建议［J］.河北大学学报（哲学社会科学版），2017，42（4）：118-122.

[243] 李田，黄晨红，张伟，等.河北省域地市旅游产业集群实证研究［J］.地理与地理信息科学，2018，34（2）：101-105，111.

[244] 刘晓琳.从培育产业素质谈山东省旅游产业竞争力的提升［J］.中国商贸，2011（8）：158-159.

[245] CHEN X J，LING X P. A conceptual model study of tourism resource sharing in the digital economy［J］. Sustainability，2023, 15（12）：9752.

[246] CHEN X J，LING X P .The influence mechanism of resource sharing on tourism industry innovation[J]. Heliyon, 2024, 10（4）：E25855.

[247] 凌晓芃.数字经济下资源共享对旅游产业创新的影响机制研究［D］.重庆：重庆交通大学，2024.

[248] 周敏.数字经济对旅游经济韧性的影响机制研究［D］.重庆：重庆交通大学，2024.

[249] ZHOU M, CHEN X J. Research on the influence mechanisms of digital economy on tourism economic resilience—empirical evidence from China［J］.Portuguese Economic Journal, 2024: 1-25.

[250] 陈雪钧，周敏.中国省域旅游经济韧性及影响因素分析[J]．开发研究，2024（2）：67-77.